HARALD VON RAFFAY

Erscheinungsformen und Auswirkungen von Indexkoppelungen

Volkswirtschaftliche Schriften

Herausgegeben von Prof. Dr. J. Broermann, Berlin

Heft 272

Erscheinungsformen und Auswirkungen von Indexkoppelungen

Von

Mag. Dr. Harald von Raffay

DUNCKER & HUMBLOT / BERLIN

Gedruckt 1978 bei Buchdruckerei A. Sayffaerth - E. L. Krohn, Berlin 61
Printed in Germany

ISBN 3 428 04033 8

Vorwort

Ohne tatkräftiger Hilfe von verschiedenster Seite hätte die vorliegende Arbeit niemals geschrieben werden können. Besonders möchte ich jedoch für ihre verständnisvolle Unterstützung danken:

Direktor-Stellv. Marc Appfel, Crédit Lyonnais, Bruxelles; Dr. Günther Bröker, Leiter der Finanzabteilung der OECD, Paris; Direktionssekretär Jacques Masse, Banque Française du Commerce Extérieur, Paris; Jacques Omeyer, Département des Opérations Financières Internationales, Crédit Lyonnais, Paris; Mag. Dr. Wolfgang Panny, Wirtschaftsuniversität Wien; Guilbert Philippon, Direktor der Crédit Lyonnais Finanz AG, Zürich und Ing. Mag. Dr. Karl Schaffer, Creditanstalt — Bankverein, Wien.

Bruxelles, Juli 1977

Harald von Raffay

Inhaltsverzeichnis

Tabellen- und Schaubildverzeichnis

1. Einleitung

Die Anwendung von Indexklauseln als Versuch des Schutzes gegen die Auswirkungen der Geldentwertung hat eine lange Tradition. Veit führt dazu beispielsweise die sogenannte „Tafelwährung von Massachusetts" an, in der nach 1777 die Besoldung der Soldaten an die Entwicklung der Preise für Mais, Rindfleisch, Schafwolle und Sohlenleder geknüpft wurde[1].

Es ist verständlich, daß der Ruf nach Indexklauseln stets in Zeiten der zunehmenden Geldverdünnung besonders laut erklingt. Den vorläufigen Höhepunkt fand das Indexdenken in der deutschen Hyperinflation der Jahre 1922/23; aus dieser Zeit stammen auch die ersten eingehenderen wissenschaftlichen Untersuchungen zu diesem Phänomen[2].

Im europäischen Raum fanden Indexklauseln nach dem zweiten Weltkrieg vor allem in den skandinavischen Ländern weite Verbreitung. Aus Frankreich stammen die umfassendsten Erfahrungen mit Indexanleihen, die man dort in der Zeit von 1952 bis 1958 machte.

Mit dem weltweiten Anstieg der Inflationsraten in den letzten Jahren erhielt die Diskussion um die Sicherung gegen Inflationsauswirkungen wieder neue Nahrung. Schon vorher hat in Deutschland die Auseinandersetzung um das Nominalwertprinzip im Rahmen des Steuerrechts zu einem vielbeachteten Rechtsstreit vor dem Bundesfinanzhof geführt. In seinem Urteil vom 27. 7. 1967 sah sich der BFH genötigt, folgenden Tatbestand ausdrücklich festzustellen:

„Die bisher eingetretene Geldentwertung kann bei der Besteuerung der Einkünfte aus Kapitalvermögen nicht durch einen Abschlag vom Nennbetrag der Kapitalzinsen berücksichtigt werden. Die Besteuerung der Kapitalzinsen nach Maßgabe des Nominalprinzips (Grundsatz: DM = DM) ist zur Zeit mit Verfassungsgrundsätzen nicht unvereinbar[3]."

Eine Abwendung vom Prinzip des Nominalismus brachte hingegen eine Entscheidung des Bundesarbeitsgerichtes vom 30. 3. 1973. Danach wird der Nominalismus wie jedes andere Rechtsprinzip von dem Gebot von Treu und Glauben im Rechtsverkehr beherrscht; eine betriebliche

---

[1] *Veit,* Otto: Grundriß der Währungspolitik, Frankfurt 1969, S. 169.

[2] Siehe etwa: von *Zwiedineck-Südenhorst,* Otto: „Gleitende Lohnskalen" in: Handwörterbuch für Staatswissenschaften, Jena 1925, S. 369 ff.

[3] *Issing, Otmar:* Indexklauseln und Inflation, Walter Eucken Institut, Beiträge und Aufsätze Nr. 40, Tübingen 1973, S. 4.

Rente muß daher nach dieser Gerichtsentscheidung bei einem Währungsverfall im Ausmaß der in Deutschland eingetretenen Größenordnungen der Geldentwertung angepaßt werden[4].

Auch in Frankreich kann man in den letzten Jahren ähnliche Durchbrechungen des Nominalwertdenkens beobachten.

Die nationalökonomische Forschung beschäftigt sich heute wieder sehr eingehend mit diesen Fragen. Die Auswirkungen der Indexklauseln bzw. -koppelungen auf die Wirtschaft und insbesondere auf den Inflationsprozeß stehen dabei im Vordergrund. Wie später noch ausgeführt, zeigt sich ein überraschend uneinheitliches Bild der Meinungen zu diesem Problem. Das Zustandekommen dieser Meinungsvielfalt scheint mir seinen Grund in folgenden Tatsachen zu haben:

Untersucht man die Veröffentlichungen zum Thema Indexkoppelung und Indexklauseln, so kann man sie mit Issing leicht einer der folgenden Gruppen zuteilen:

1. *Beschreibungen und Kommentare zum gesetzlichen status quo und zur herrschenden Rechtsmeinung*[5].

   Für wirtschaftstheoretische Abhandlungen sind diese Veröffentlichungen nur von untergeordnetem Wert.

2. *Berichte über die Erfahrungen mit Indexklauseln in einzelnen Ländern.*

   Es sind dies vor allem Untersuchungen über Deutschlands Inflationsjahre der Zwischenkriegszeit. Sonst jedoch sind umfassende Länderberichte, in denen das Indexproblem erschöpfend behandelt wird, seltener, als man annehmen würde. Auberger hat hier sicherlich Pionierarbeit geleistet[6].

   Umfassende Abhandlungen, wie er sie über Brasiliens Indexsystem schrieb und sich nicht in Einzelfragen verlor, stehen für so wichtige Indexländer wie Argentinien, Kolumbien, Schweden und die Volksrepublik China aus.

   Was Finnland und Israel anlangt, wird im Rahmen dieser Arbeit versucht, eine Lücke zu schließen. Auch Issing stellt fest, daß es sich bei den meisten derartigen Länderberichten um keine eingehenden Untersuchungen handelt und sich aus den Darstellungen meistens nur Aufschlüsse zur Beantwortung von Einzelfragen gewinnen lassen.

---

[4] *Issing*, Otmar: S. 5.

[5] Aus vielen Veröffentlichungen sei hier bloß auf Dürkes „Wertsicherungsklauseln“, Heidelberg 1972 und Mittelbachs „Wertsicherungsklauseln im Zivil- und Steuerrecht“, Ludwigshafen 1972, verwiesen.

[6] *Auberger*, Philippe: “Le modèle brésilien de lutte contre l‘inflation“ in: Notes et Etudes Documentaires, Paris, Dezember 1973.

So beschränkt sich der internationale Vergleich von Kuntze beispielsweise auf eine Übersicht der bestehenden Lohn- und Preisindexbindungen[7].

In diesem Zusammenhang ist mit Nachdruck davor zu warnen, die in einem bestimmten Land oder Wirtschaftsbereich gewonnenen Erfahrungen auch in anderen Ländern als von vornherein gültig und verbindlich anzuerkennen.

3. *Einzeluntersuchungen*

Eingehende Behandlung hat dabei vor allem der Indexlohn gefunden.

In diesem Zusammenhang sei auf Veröffentlichungen des Institutes für Weltwirschaft in Kiel[8], der Bundeskammer der Gewerblichen Wirtschaft in Wien[9], des Kummer-Institutes für Sozialpolitik und Sozialreform in Wien[10], der Skandinavska Enskilda Banken in Stockholm[11], von Ehrlicher, Freiburg/Breisgau[12], die vom International Center for Monetary and Banking Studies, Genf, abgehaltene Indexkonferenz in Saltsjöbaden[13] und vieler ausländischer Fachzeitschriften verwiesen.

4. *Veröffentlichungen zur Indexproblematik aus betriebswirtschaftlicher Sicht.*

Für die Betriebswirtschaftslehre stellten die Jahre der deutschen Inflation nach dem ersten Weltkrieg geradezu eine Herausforderung dar[14].

Gutenberg meinte daher: „Ich stehe nicht an zu erklären, daß nach meinem Dafürhalten die Betriebswirtschaftslehre an dem Problem der Eliminierung von Geldwertschwankungen aus Bilanz, Kostenrechnung, Preispolitik ... zu sich selbst als Wissenschaft gefunden hat.“

Fragen der Eliminierung inflationistischer Scheingewinne spielen tatsächlich seit damals eine bedeutende Rolle in der betriebswirt-

---

[7] *Kuntze*, Oscar-Erich: Preiskontrollen, Lohnkontrollen und Lohn-Preis-Indexbindung in den europäischen Ländern, Berlin-München 1973.

[8] *Vaubel*, Roland / *Ahnefeld*, Adolf: Indexklauseln auf dem Index? Kieler Diskussionsbeiträge Nr. 34, Institut für Weltwirtschaft, Kiel, Oktober 1974.

[9] *Indexbindung in Österreich:* Wirtschaftspolitische Blätter, 22. Jahrg., Wien 1975/2.

[10] *Gasperschitz*, Alfred / *Kienzl*, Heinz / *Kottulinski*, Kunata / *Nussbaumer*, Adolf: Die Problematik von Indexlohn-Vereinbarungen, Schriftenreihe des Dr. Karl Kummer Institutes, Heft Nr. 4, Jahrg. 3, Wien 1967.

[11] *Ståhl, Ingemar:* The Rise and Fall of Index Loans in Sweden, in: Quarterly Review der Skandinavska Enskilda Banken, Stockholm 1975.

[12] *Ehrlicher*, Werner: Probleme der Indexbindung, Berlin 1974.

[13] The role of indexation: Konferenz in Saltsjöbaden, Stockholm, 1974-07--04/06.

[14] *Issing*, Otmar: S. 7.

schaftlichen Forschung. Als erster hat dabei Fritz Schmid in aller Deutlichkeit auf die Fehlrechnung und das Entstehen von Scheingewinnen hingewiesen, die im Verlauf der Inflation und Deflation bei einem Festhalten am Nominalwertprinzip in der Betriebsrechnung auftreten. Arbeiten und Überlegungen von Walb, Hax, Loitlsberger und Seicht[15] sorgten dafür, daß dieser Punkt nie in Vergessenheit geriet.

Wie man aus dem Vorangegangenen erkennen kann, fehlt es noch immer an einer systematischen, umfassenden Einbettung des Bereiches „Indexkoppelung" in die heutigen Wirtschaftstheorien. Deswegen kann es auch nicht verwundern, wenn die Frage nach der Wechselwirkung von Indexkoppelung und Geldentwertung heute so vielseitig und widersprüchlich beantwortet wird.

Aufgabe dieser Arbeit ist es nun, einen möglichst vollständigen Überblick aller bestehenden Formen der Indexkoppelung zu geben, wobei die entsprechenden Erscheinungen im Bereich des Kreditwesens besonders hervorgehoben werden.

Es folgt die Zusammenfassung der wichtigsten Theorien und Meinungen, die sich mit den Auswirkungen auf die Wirtschaft befassen. Diese Theorien werden sodann im Lichte der tatsächlichen Entwicklungen und Ergebnisse jener drei Länder betrachtet, die über die unumstritten größten Erfahrungen auf diesem Gebiet verfügen, nämlich Brasilien, Finnland und Israel.

Auf Grund dieser Gegenüberstellung wird abschließend der Versuch unternommen, jene Erscheinungen herauszuarbeiten, die bei einem Wirtschaftssystem mit vollkommener Indexierung auftreten und offenbar allgemein Gültigkeit besitzen.

Unter Indexbindungen werden im folgenden Koppelungen verstanden, die Geldleistungen oder Vermögenswerte mit der Entwicklung von Indexzahlen im weitesten Sinn verknüpfen.

In der Praxis findet man verschiedene Arten von Wertsicherungsvereinbarungen, die sich rechnerisch in drei Gruppen unterteilen lassen. Der Darstellung Igerz soll hier zunächst auszugsweise gefolgt werden[16]:

I. Wertsicherungsklauseln, die vom ersten Tag der Begründung einer Verpflichtung ohne Bindung an eine bestimmte Voraussetzung wirksam sind;

[15] *Seicht*, Gerhard: Inflation und Scheingewinnbesteuerung, in: Die Presse, Wien 1975-02-13, 1975-02-20, 1975-03-05.

[16] *Igertz*, E.: Wertsicherungsklauseln und Rechenstift, österreichische Steuer- und Wirtschaftskartei, Wien, 1971-10-05.

II. Wertsicherungsklauseln, die erst bei Eintritt einer bestimmten Voraussetzung wirksam werden und dann fortlaufend zu einer Veränderung der Leistung führen oder führen können und

III. Wertsicherungsklauseln, die jeweils bei Eintritt einer bestimmten Voraussetzung zu einer Umwertung oder Aufwertung führen.

Geht man von dieser Einteilung der Wertsicherungsklauseln aus, so weisen die einzelnen Gruppen die nachfolgenden typischen Gestaltungen auf:

a) Beispiel zu I:

In einem Darlehensvertrag wurde vereinbart: „Um den Gläubiger vor den Nachteilen zu bewahren, die sich aus einer Minderung des Geldwertes ergeben, ist das Darlehen auf der Basis des VPI 66 des Österreichischen Statistischen Zentralamtes wertgesichert. Das Darlehen ist in halbjährlichen Teilbeträgen von S 50 000,— abzustatten."

In diesem Fall ist die Indexzahl festzustellen, die für den Monat, in dem das Darlehen hingegeben wurde, maßgeblich war. Jede Darlehensrate ist nun in dem Umfang aufzuwerten wie der Index im Monat der Fälligkeit einer Rate gegenüber dem Index im Monat der Darlehensaufnahme gestiegen ist.

Wurde das Darlehen im Juli 1967 aufgenommen, so beträgt die Indexzahl (VPI 66) vom Juli 1967 104 Punkte. Wenn nun Raten jeweils im Jänner und im Juli fällig sind, so ist beispielsweise bei den Raten vom Juli 1970 und vom Jänner 1971 wie folgt vorzugehen:

Bei der Rate vom Juli 1970 ist die letzte bekannte Indexzahl vom Mai 1970 113,9 Punkte. Die Differenz zum Juli 1967 ist 9,9 Punkte oder 9,52 % (990 : 104). Die S 50 000,— sind somit um 9,52 % (S 4760,—) auf S 54 760,— aufzuwerten.

Desgleichen ist die Jännerrate vom Jahre 1971 auf Grund des Novemberindex 1970, als des letzten bekannten Index vor der Fälligkeit, in der Höhe von 116,8 Punkten aufzuwerten. Die Steigerung der Indexzahl beträgt 12,8 Punkte (116,8—104) oder 12,3 % (1280 : 104), das gibt S 6150,— (50 000 x 12,3).

Wenn man auf dem Standpunkt steht, daß jeweils die korrespondierende Indexzahl vom Juli und vom Jänner für die Berechnung der Aufwertung maßgebend sein soll, so wären die Beträge für die Aufwertung ein bis zwei Monate später zu bezahlen, gegebenenfalls wären noch Zinsen für die nunmehr verspätete Entrichtung der Aufwertungsbeträge zu entrichten.

b) Beispiel zu II:

Die Wertsicherungsklauseln, die zu dieser Gruppe zählen, lauten in der Regel (es sei darauf hingewiesen, daß bei der Formulierung der Wertsicherungsklausel nur das „Kernstück“ herangezogen wird und rein rechtliche Engänzungen unbeachtet bleiben):

„Zur Erhaltung einer gleichbleibenden Kaufkraft ist die Rente auf der Basis des VPI 66 des Österreichischen Statistischen Zentralamtes wertgesichert. Schwankungen der Indexzahl bis zu 5 Punkten (oder Prozenten) bleiben unbeachtet. Wird die Schwelle von 5 Punkten überschritten, so ist die Rente im vollen Umfange unter Einschluß der 5 Punkte aufzuwerten. Für die Rentenzahlungen, die zwischen dem Monat liegen, in dem die Fünf-Punkte-Grenze überschritten wurde, und dem Monat der Errechnung der Erhöhung, ist im Monat der Erhöhung die Nachzahlung zu leisten. Nach der ersten Umwertung ist die Rente monatlich auf Grund der jeweiligen Indexzahl des vorangegangenen Monates umzuwerten.“

Ist der letzte Satz im Vertragstext nicht enthalten, so wird in der Praxis vielfach so vorgegangen, wie es im Beispiel b) dargestellt wurde.

Da bei Personen, denen die Indizes nicht regelmäßig zur Verfügung stehen, die monatliche Umwertung auf Schwierigkeiten stößt, ist es denkbar, daß monatlich vorerst eine Erhöhung von 0,3 % oder 0,4 % berücksichtigt wird und erst nach Ablauf des Jahres allfällige kleine Differenzen ausgeglichen werden.

Auch ist es denkbar, daß die monatlich wiederkehrende Leistung vorerst um die Hälfte des Prozentsatzes der Indexsteigerung im vergangenen Jahr aufgewertet wird und nach Ablauf des Jahres eine entsprechende (kleine) Korrektur erfolgt.

Auf erhebliche Schwierigkeiten bei der praktischen Anwendung von Wertsicherungsklauseln stoßen Jahresdurchschnittsindizes. Sie sollten in der Regel auch dann nicht herangezogen werden, wenn die Laufzeit eine verhältnismäßig lange ist.

c) Beispiel zu III:

Wertsicherungsklauseln, die dieser Gruppe beizuordnen sind, haben in der Regel folgenden Wortlaut: „Für die Entrichtung der Miete ist Wertbeständigkeit vereinbart. Als Wertmesser dient der VPI 66 des Österreichischen Statistischen Zentralamtes. Schwankungen der Indexzahl bis jeweils 7 % bleiben unbeachtet. Die Indexzahl, die zu einer Umwertung des Mietzinses geführt hat, ist wieder Ausgangspunkt für die Ermittlung und Errechnung der nächsten Umwertung ...“

Zum selben Ergebnis führt die folgende Gestaltung der Wertsicherungsklausel: „Die Rente soll wertbeständig entrichtet werden. Die vertragsschließenden Teile haben sich zur Erhaltung der Wertbeständigkeit auf die Anwendung des Verbraucherpreisindex 66 des Österreichischen Statistischen Zentralamtes geeinigt. Eine Veränderung dieses Index soll jedoch nur dann zu einer Umwertung führen, wenn sie mehr als vier Punkte oder ein Vielfaches von vier Punkten, immer ausgehend vom Index vom Dezember 1970 in der Höhe von 117,4 Punkten, beträgt. Es findet somit jeweils eine Aufwertung statt, wenn die Indexzahl 121,4 125,4 usw. überschritten wird ...“

Diese Form der Wertsicherungsklausel ist für ständig wiederkehrende Leistungen vor allen anderen empfehlenswert, weil sie verhältnismäßig einfach zu handhaben ist und es den Vertragsteilen erspart, sich fortgesetzt um die Veränderungen der Indexzahlen zu kümmern.

Wenn die Person, die die Leistung erhält, der Auffassung ist, daß sie durch die „Sprungumwertung“ zu sehr benachteiligt wird, dann kann die Klausel dahingehend ergänzt werden, daß man der Formulierung noch folgenden Satz anfügt:

„Um die Indexveränderungen seit der letzten Aufwertung angemessen zu berücksichtigen, ist im Zeitpunkt der jeweils letzten Aufwertung für die Dauer des halben Zeitraumes zwischen der vorangegangenen und der letzten Aufwertung eine Nachzahlung in der Höhe der effektiven Aufwertung zu leisten, die gleichzeitig mit der ersten erhöhten Monatsmiete zu bezahlen ist.“

Dieser theoretischen Einleitung folgend wird nun untersucht, in welchen Wirtschaftsbereichen und bei welchen Wirtschaftsleistungen die eine oder andere Art von Indexkoppelung in Erwägung gezogen bzw. angewendet wird.

Dem Kreditsektor wird im Rahmen dieser Arbeit besondere Achtung geschenkt. Indexgekoppelte Anleihen, Anleihen mit veränderlichem Zinsfuß und Roll-Over-Kredite werden dabei besonders genau behandelt. Auch Indexwährungen und indexierte Spareinlagen durften nicht unerwähnt bleiben.

2. Erscheinungsformen der Indexkoppelung in der Wirtschaft unter Ausschluß des Kreditwesens

2.1. Löhne und Gehälter

Bei der Indexierung von Arbeitseinkommen in Form von Löhnen und Gehältern verfügt man heute über die längste Erfahrung. In der neueren Zeit tauchen Bindungen der Löhne an die Entwicklung des Geldwertes nach dem ersten Weltkrieg auf.

In Deutschland waren sie seit Beginn der starken Inflation in den zwanziger Jahren bis zum Ende der kriegswirtschaftlichen Bindung von Löhnen und Preisen nach dem zweiten Weltkrieg sehr verbreitet. Heute finden sich Indexklauseln allerdings nur mehr in einzelnen Arbeitsverträgen, und in einer gegenwärtig unter stabilitätspolitischen Gesichtspunkten kritischen Lage ist von dirigistischer Lohnbeeinflussung kaum die Rede.

Man versucht es vielmehr mit „moral suasion" und marktkonformen Stabilisierungsinstrumenten. Die bisher einschneidendste Maßnahme auf diesem Gebiet erschöpfte sich in dem Zusammenspiel von Staat und Sozialpartnern im Rahmen der sogenannten „Konzertierten Aktion"[1] im Rezessionsjahr 1967.

In anderen Ländern finden Indexlöhne hingegen eine wesentlich ausgedehntere Verbreitung[2]. Die entsprechenden Verhältnisse in Brasilien, Finnland und Israel werden in den Länderberichten behandelt.

2.1.1. Dänemark

Lohnindexierungen gibt es seit 1928, die allgemeine Verbreitung kam aber erst in den sechziger Jahren. Nachdem 1963 bereits einmal dirigistisch in den Lohnbildungsprozeß eingegriffen worden war, wurde Ende März 1971 mit Wirkung vom 1. 3. 1973 ein auf zwei Jahre befristeter Rahmentarifvertrag abgeschlossen. Er galt für alle dänischen Arbeitnehmer.

Die Tarifpartner verpflichteten sich darin — mit kräftiger staatlicher Nachhilfe — zur „freiwilligen Einhaltung maximaler durchschnittlicher

[1] *Kuntze*, Oscar-Erich: S. 119.

[2] *Gasperschitz / Kienzl / Kottulinsky / Nussbaumer:* S. 4.

Lohnanstiegsraten". Diese sollten 1971 und 1972 jeweils 2,5 % betragen, wobei noch ab 1. 7. 1971 eine Erhöhung des Urlaubsgeldes um 7,25—9,50 % zu zählen war.

Während die Gesamtheit der Beschäftigten in den Genuß des erhöhten Urlaubsgeldes kamen, hatten nur alle weiblichen und die schlechter bezahlten männlichen Arbeitnehmer Anspruch auf die Lohnaufbesserungen um 2,5 % jährlich.

Dieses Rahmenabkommen wurde vor dem Hintergrund des Prinzips der gleitenden Lohnskala abgeschlossen, die seit 1964 für fast alle Lohn- und Gehaltsgruppen Gültigkeit hat. Die Lohnanpassung geschieht automatisch zweimal jährlich (differenziert nach Gehaltsgruppen und Geschlecht), wenn der Verbraucherpreisindex um 3 Punkte, das sind etwa 2 %, gestiegen ist. 1963 wurden die bislang im Verbraucherpreisindex enthaltenen direkten und indirekten Steuern ausgeklammert. Im übrigen war der Inflationsausgleich durch übertarifliche Entlohnung in den sechziger Jahren für Beamte um ein Drittel höher als für Privatangestellte.

2.1.2. Italien

Lohnindexbindungen werden seit 1951 für alle Arbeitnehmer auf Grund von Kollektivabreden zwischen den Tarifpartnern vereinbart; Grundlage dafür ist wieder die „scala mobile" = gleitende Lohnskala. In Industrie und Landwirtschaft erfolgt die Lohnanpassung — differenziert nach Lohngruppen — vierteljährlich, im öffentlichen Dienst jährlich. Eine Erhöhung wird dann vereinbart, wenn der von der paritätischen Kommission ermittelte Lebenshaltungskostenindex um mindestens einen Punkt gegenüber dem letzten Vierteljahreswert, der eine Anhebung auslöste, gestiegen ist.

2.1.3. Holland

Seit 1965 sind Lohnbindungen erlaubt. Sie fanden zunächst lediglich in mehrjährigen Tarifverträgen Aufnahme. Seit 1970 ist die Aufnahme derartiger Klauseln auch in Verträge mit einjähriger Laufzeit möglich. Es handelt sich dabei um sogenannte ex-ante-Indexbindungen. Man einigte sich in den Tarifverträgen von vornherein auf einen gewissen Hundertsatz realen Lohnanstiegs. Ist der Preisanstieg aber stärker, als bei diesen Überlegungen angenommen wurde, gibt es je nach Wirtschaftszweig zwei Möglichkeiten.

Entweder werden neue Tarifverhandlungen aufgenommen (flexible Indexbindung) oder es kommt zur Gewährung eines automatischen

Kaufkraftausgleiches nach dem schon erwähnten Schema der gleitenden Lohnskala (eingeschränkte Indexbindung).

2.1.4. Vereinigte Staaten

In den Vereinigten Staaten finden sich seit 1948 in Tarifverträgen sogenannte „escalator"-Klauseln. Nach einem Zurückdrängen dieser Verträge in den sechziger Jahren treten sie seit 1971 wieder stärker hervor.

Es handelt sich dabei sowohl um Vereinbarungen über eine automatische Lohnanpassung als auch um die Vereinbarung einer an der Produktivität gemessenen regelmäßigen realen Lohnsteigerung.

Je nach Vereinbarung erfolgt eine monatliche oder vierteljährliche Anpassung an den amtlichen Lebenshaltungskostenindex. 1972 waren in rund 65 % aller Lohntarifverträge bei Betrieben ab 1000 Beschäftigten derartige Anpassungsklauseln enthalten. Führend waren meist die Forderungen der amerikanischen Automobilarbeitergewerkschaft. Derzeit sind etwa 17 % aller Arbeitnehmer der verarbeitenden Industrie von Indexbindungen betroffen.

2.1.5. Frankreich

Dieses Land erlebte auf Grund seiner politisch und wirtschaftlich unsicheren Verhältnisse in den Jahren 1952 bis 1958 eine regelrechte Blüte der Indexkoppelungen. Wie später noch genauer ausgeführt, war diese Entwicklung am Anleihensektor am ausgeprägtesten. In diesen sechs Jahren wurden die ersten Indexregelungen für den gesetzlichen Mindestlohn getroffen.

Stieg damals der staatliche Verbraucherpreisindex innerhalb von zwei Monaten um 5 %, so wurde der Mindestlohn an den Lebenshaltungskostenindex angeglichen.

Die Machtübernahme de Gaulles 1958 bedeutete das Ende für jede Form von Indexbindungen in Frankreich. 1964 fanden Indexvereinbarungen erstmals in den Tarifverträgen wieder Aufnahme. Nach der Pariser Mairevolution von 1968 wurden Indexklauseln wieder allgemein in Tarifverträge aufgenommen. Seit 1969 erfaßt diese Indexautomatik den öffentlichen Dienst und die verstaatlichten Unternehmungen. Bei den neueren Indexlohnvereinbarungen sind wie in Holland zwei Fälle möglich: Entweder wird bei Tarifabschluß eine bestimmte Inflationsrate während der Vertragsdauer angenommen oder, wenn der Preisanstieg stärker als erwartet war, ist eine automatische Lohnerhöhung nach dem Muster der geltenden Lohnskala vorgesehen.

2.1.6. Österreich

Seit 1967 kommt es in Österreich im öffentlichen Dienst zum Abschluß von Tarifverträgen, die Lohnindexierungsklauseln enthalten, worauf nun, stellvertretend für die Verhältnisse in anderen Ländern, näher eingegangen wird.

Am 24. Juli 1967 fand im Bundeskanzleramt unter Vorsitz des Finanzministers zwischen den Vertretern des Bundes, der Länder und Gemeinden und dem Verhandlungsausschuß der Gewerkschaften des öffentlichen Dienstes eine Aussprache statt, die zu folgendem, einvernehmlich erzieltem Ergebnis geführt hat:

1. Beginnend ab 1. Oktober 1968 sollen die Bezüge in vier Etappen, deren letzte am 1. Juli 1971 wirksam werden soll, angehoben werden. Das Gesamtausmaß der Erhöhung wird etwa zwischen 14 % (in den höheren Verwendungsgruppen) bis 25 % (in den niederen und mittleren Verwendungsgruppen) liegen und damit die Bezüge der öffentlichen Bediensteten teilweise an die vergleichbaren Gehälter der Angestellten in der Industrie nachziehen.
2. Die vier Gewerkschaften des öffentlichen Dienstes verpflichten sich nach entsprechender Gesetzwerdung — dies soll durch das derzeitig in Ausarbeitung befindliche Gehaltsgesetz 1968 im Laufe des nächsten Jahres erfolgen —, bis zum 1. Jänner 1972 keine Gehaltsforderungen zu stellen.
3. Das Stillhalteabkommen wurde von den Gewerkschaften davon abhängig gemacht, daß erstmals am 1. Jänner 1969 die Bezüge um den Hundertsatz erhöht werden sollen, um den sich die durchschnittlichen Lebenshaltungskosten — gemessen am Verbraucherpreisindex des Österreichischen Statistischen Zentralamtes — jährlich um mindestens 2,5 % seit der letzten Bezugserhöhung verteuert haben. Erhöhen sich die Lebenshaltungskosten in einem Jahr um weniger als 2,5 %, so soll diese Steigerung im darauffolgenden Jahr mitberücksichtigt werden[3].

Das nächste, 1971 zwischen den Gewerkschaften des öffentlichen Dienstes und dem Verhandlungskomitee der Gebietskörperschaften mit einer Laufzeit bis 1975 getroffenen Übereinkommen sah eine Anpassung vor, die sich aus einer Abgeltung der eingetretenen Inflation und einer jährlichen Realeinkommenssteigerung von 3 % zusammensetzt.

Es sieht überdies eine Bevorschussung der Teuerungsabgeltung von 2,5 % jährlich mit nachträglicher Abrechnung vor[4]. Die Reallohnerhö-

---

[3] *Gasperschitz / Kienzl / Kottulinski / Nussbaumer:* S. 18.

[4] *Indexbindung in Österreich:* S. 48.

hung wurde dabei schon in das Gehaltsgesetz eingebaut; der Ausgleich der Teuerung erfolgt durch jährliche Teuerungszulagenverordnungen. Diese Regelung ist somit ein Mittelding zwischen einer Anpassung im vornhinein und einer solchen im nachhinein.

2.2. Pensionen und Ruhegenüsse

In Belgien sind alle Sozialversicherungsleistungen und -beiträge indexiert. Die Anpassung erfolgt mit zweimonatiger Verzögerung proportional zum Anstieg des Verbraucherpreisindex. Auch in den skandinavischen Ländern wird dieses System angewendet. Die Anpassung der Volksrente (das ist die gesetzliche Mindestrente) erfolgt meist aber nur jährlich. In der Schweiz werden die Sozialversicherungsleistungen der Schweizerischen Unfallversicherungsanstalt sowie des militärischen und zivilen Arbeitsdienstes bei einem Mindestanstieg des Verbraucherpreisindex um 5 Punkte automatisch im entsprechenden Ausmaß angehoben.

In den Vereinigten Staaten binden einzelne Rentenversicherungsinstitute ihre Leistungen entweder an den Verbraucherpreisindex oder an den Stundenverdienstsatz bestimmter Berufsgruppen. Bei einem Anstieg der Verbraucherpreise um mindestens 3 % werden die Ruhegenüsse für Bundesbedienstete und Militärpersonal in den drei aufeinanderfolgenden Monaten stufenweise angehoben.

In Österreich gibt es seit 1965 eine Indexierung von Sozialrenten und Fürsorgeleistungen. Der entsprechende Text aus dem Bundesgesetz vom 28. 4. 1965 über die Anpassung der Pensionen (Renten- und Pensionsanpassungsgesetz) ist hier auszugsweise wiedergegeben:

§ 108, e (10) Der Beirat hat bis 31. Mai eines jeden Jahres dem Bundesministerium für soziale Verwaltung ein Gutachten darüber vorzulegen, ob für die Anpassung der in den §§ 108 g und 108 h angeführten Renten und Pensionen als Anpassungsfaktor die Richtzahl oder welcher andere Faktor herangezogen werden soll. Das Bundesministerium für soziale Verwaltung hat das Gutachten unverzüglich im „Amtsblatt zur Wiener Zeitung“ zu verlautbaren.

(11) Bei Erstellung seines Gutachtens hat der Beirat auf die volkswirtschaftliche Lage und deren Entwicklung sowie auf die Änderungen des Verhältnisses der Zahl der in der Pensionsversicherung Pflichtversicherten zur Zahl der aus dieser Versicherung Leistungsberechtigten Bedacht zu nehmen.

(12) Die Behörden des Bundes, die gesetzlichen beruflichen Vertretungen der Versicherten und der Dienstgeber, die Träger der Un-

fall- und der Pensionsversicherung und der Hauptverband sind verpflichtet, dem Beirat auf Verlangen alle ihnen zur Verfügung stehenden Unterlagen vorzulegen, die zur Erfüllung seiner Aufgaben erforderlich sind. Das Bundesministerium für soziale Verwaltung hat darüber hinaus von sich aus dem Beirat alljährlich eine Berechnung über die voraussichtliche Gebarung der Träger der Pensionsversicherung nach diesem Bundesgesetz für die folgenden fünf Jahre so rechtzeitig vorzulegen, daß sie dem Beirat bei Erstellung seines Gutachtens zur Verfügung steht.

Festsetzung des Anpassungsfaktors

§ 108, f (1) Der Bundesminister für soziale Verwaltung hat für jedes Jahr den Anpassungsfaktor (§ 108 e Abs. 10) unter Bedachtnahme auf das Gutachten des Beirates für die Renten- und Pensionsanpassung durch Verordnung festzusetzen.

(2) Kommt ein Gutachten des Beirates nach § 108 e Abs. 10 nicht zustande oder legt der Beirat das Gutachten nicht rechtzeitig vor, hat der Bundesminister für soziale Verwaltung den Anpassungsfaktor unter Bedachtnahme auf die volkswirtschaftliche Lage und deren Entwicklung sowie auf die Änderung des Verhältnisses der Zahl der in der Pensionsversicherung Pflichtversicherten zur Zahl der aus dieser Versicherung Leistungsberechtigten durch Verordnung festzusetzen.

(3) Die Verordnung über den Anpassungsfaktor nach Abs. 1 oder 2 ist nach Zustimmung durch die Bundesregierung vom Bundesminister für soziale Verwaltung dem Hauptausschuß des Nationalrates zur Zustimmung vorzulegen. Die Zustimmung der Bundesregierung ist bis spätestens 10. Juli eines jeden Jahres zu beantragen.

Anpassung der Pensionen aus der Pensionsversicherung

§ 108, h (1) Mit Wirksamkeit ab 1. Jänner eines jeden Jahres sind die Pensionen aus der Pensionsversicherung, mit Ausnahme des Knappschaftssoldes, für die der Stichtag (§ 223 Abs. 2) vor dem 1. Jänner des vorangegangenen Jahres liegt, mit dem Anpassungsfaktor zu vervielfachen, wenn diese Pensionen von der Pension bemessen wurden, auf die der Verstorbene am Todestag Anspruch hatte.

(2) Der Anpassung nach Abs. 1 ist die Pension zugrunde zu legen, auf die nach dem 31. Dezember des vorangegangenen Jahres in Geltung gestandenen Vorschriften Anspruch bestand, jedoch mit Ausnahme der Kinderzuschüsse, des Hilfslosenzuschusses und der Ausgleichszulage und vor Anwendung von Ruhensbestimmungen. Sie erfaßt im gleichen Ausmaß alle Pensionsbestandteile.

(3) Zu der nach Abs. 1 und 2 gebührenden Pension treten im Sinne der Abs. 1 und 2 angepaßten Kinderzuschüsse, der Hilflosenzuschuß und die Ausgleichszulage nach den hierfür geltenden Vorschriften.

(4) Bei Anwendung der §§ 240, 267, 270 und 289 gilt § 108 g Abs. 6 entsprechend.

Anpassung fester Bezüge

§ 108, i Sind nach den Bestimmungen dieses Bundesgesetzes feste Beträge mit der Richtzahl beziehungsweise mit dem Anpassungsfaktor zu vervielfachen, ist diese Vervielfachung mit Wirksamkeit ab 1. Jänner eines jeden Jahres in der Weise vorzunehmen, daß der Vervielfachung mit der Richtzahl beziehungsweise mit dem Anpassungsfaktor der im vorangegangenen Jahr in Geltung gestandene Betrag zugrunde zu legen. Die vervielfachten Beträge — ausgenommen der Meßbetrag nach § 108 b Abs. 2 — sind auf volle Schillinge zu runden. Die sich hiernach ergebenden Beträge sind durch Verordnung des Bundesministeriums für soziale Verwaltung festzustellen.

Dem für jeweils 5 Jahre gebildeten Beirat haben als stimmberechtigte Mitglieder anzugehören:

— je ein Vertreter der Bundesministerien für Finanzen und soziale Verwaltung;

— je zwei Vertreter des Österreichischen Arbeiterkammertages und der Bundeskammer der gewerblichen Wirtschaft;

— ein Vertreter des Hauptverbandes;

— drei Vertreter des Österreichischen Gewerkschaftsbundes;

— je ein Vertreter der Präsidentenkonferenz der Landwirtschaftskammern Österreichs und des Landarbeiterkammertages;

— je zwei vom Bundesministerium für Finanzen und vom Bundesministerium für soziale Verwaltung zu entsendende Fachleute aus dem Bereich der Wirtschafts- und Sozialwissenschaften, die nach Tunlichkeit die akademische Lehrbefugnis besitzen sollen.

Obwohl in dem Gesetz jegliche Erwährung einer Indexierung peinlich vermieden wird, kam es damals in Österreich zum erstenmal zu einer Koppelung der Pensionen an die „volkswirtschaftliche Lage“ (§ 108 e, Ziffer 11). Die Technik der Richtzahlberechnung ist äußerst verwikkelt und wurde seit 1965 zweimal geändert[5, 6].

---

[5] *Wolff*, K.-H.: Die neue Methode der Richtzahlberechnung, Wien 1971, S. 4 ff. und:

[6] —: Systemanalyse der Renten- und Pensionsanpassung, in: Das Recht der Arbeit, Wien 1974, S. 9 ff.

Grundsätzlich dient die Lohnentwicklung der Vergangenheit als Richtgröße. Von ihr kann aber unter Umständen abgewichen werden, wenn dies die volkswirtschaftliche Lage gebietet oder sich das Verhältnis der Zahl der Versicherten zur Zahl der Pensionsempfänger erheblich ändert. Es handelt sich also in diesem Fall um keine strenge, automatisch an die Entwicklung einer volkswirtschaftlichen Richtgröße gekoppelte Art der Bindung. Die Aufwertung liegt vielmehr in den Händen des Pensionsbeirates.

2.3 Versicherungen

Die wichtigsten Formen findet man bei den Lebensversicherungen. Hier ist zwischen Versicherungen mit echten und unechten Indexklauseln zu unterscheiden:

Im ersten Fall verpflichtet sich die Gesellschaft zur indexierten Versicherungsleistung, wenn sich der Versicherungsnehmer seinerseits zur Zahlung einer indexierten Prämie verpflichtet. Dieses System bedingt natürlich die Einkommensindexierung jener Vermögenswerte, in denen die Versicherungsgesellschaften ihre Prämienreserven anlegen. Im zweiten Fall kommt es in bestimmten Zeitabschnitten zum Abschluß von Nachversicherungen, wobei der inzwischen eingetretenen Kaufkraftminderung Rechnung getragen wird.

Konnten Ahnefeld und Frank zu diesem Kapitel 1973 bemerken, daß die Ausbreitung der Lebensversicherungen nur in wenigen Ländern stärker verbreitet ist[7], hatte sich schon 1975 dieses Bild wesentlich gewandelt.

In Frankreich gibt es seit damals praktisch keine Versicherungspolicen, die nicht in irgend einer Form eine Indexierung enthalten.

Bei Schadensversicherungen kann man sogar zwischen folgenden Indexkoppelungen der vom Versicherer zu erbringenden Leistung wählen[8]:

- Baukostenindex der Vereinigung des Baugewerbes
- INSEE-Index der Arbeitsstunde in Mechanik- und Elektroindustrie
- INSEE-Index des Metallgroßhandelspreises
- INSEE-Index des Industriegroßhandelspreises

Es kann auch zur Vereinbarung von Mischsätzen kommen. Die Versicherungsnehmer haben dann ihre Prämienleistung im gleichen Maß zu erhöhen.

---

[7] *Ehrlicher*, Werner: S. 37.

[8] Indexation et Revalorisation, in: Le Monde, Paris 21. 11. 1975.

2.4. Unterhaltsbeiträge

In den siebziger Jahren kam es auch zunehmend zur Indexierung von Unterhaltsbeiträgen, wie an einem Beispiel aus der Schweiz gezeigt wird.

In einem Vaterschaftsprozeß wurde der Beklagte als Vater bezeichnet und unter anderem verpflichtet, zum Unterhalt des Kindes bis zu seinem 18. Lebensjahr monatlich im voraus einen Betrag von 250 Franken beizusteuern. In dem Urteil hieß es weiter: „Dieser Betrag gründet auf dem Landesindex der Konsumentenpreise von 124,8 Punkten. Er erfährt bei einer Veränderung des Index um 12,5 Punkte eine Anpassung von 10 %.“

Bei dem sich nun entwickelnden Rechtsstreit konnte das Urteil schließlich durchgesetzt und endgültig bestätigt werden. Die zweite Zivilabteilung des Bundesgerichtes wies die Berufung des Vaters ab. Die Begründung dazu ist auszugsweise wiedergegeben:

„Daß der Lebenskostenindex über die Entwicklung der Kosten der Lebenshaltung recht zuverlässig Aufschluß gibt, ist allgemein anerkannt. Der Index eignet sich daher auch als Maßstab für den Einfluß, den die Veränderung der Kaufkraft des Geldes auf die Kosten der Erziehung und des Unterhaltes eines Kindes ausübt. Er ist aber regelmäßig auch ein Gradmesser für die künftige Leistungsfähigkeit des Unterhaltspflichtigen, wird doch heute der Verdienst der Arbeitnehmer weitaus in den meisten Fällen laufend der Teuerung angepaßt, und auch das Einkommen eines großen Teiles der Selbständigerwerbenden dürfte mit der Teuerung Schritt halten.“

Diese Entscheidung verdient Beachtung, da das Schweizerische Zivilgesetzbuch die Indexierung von Leistungen nicht kennt und somit das Urteil vom 23. 11. 1972 einer Wende in der Rechtssprechung des Bundesgerichtes gleichkam[9].

2.5. Bestandsverträge

Bei Abschluß langfristiger Miet- und Pachtverträge trifft man heute sogar in jenen Ländern auf Indexklauseln, deren Währungsverhältnisse die stabilsten der Welt sind.

In Deutschland unterliegt die Aufnahme einer Indexklausel in einen langfristigen Bestandsvertrag wohl der Zustimmung der Bundesbank, die aber bei einer Mindestvertragsdauer von 10 Jahren regelmäßig ge-

[9] Indexierung von Unterhaltsbeiträgen, in: Neue Zürcher Zeitung, Zürich 14. 6. 1973

währt wird. Im Vertrag muß allerdings auch bei Rückgang des gewählten Index die Möglichkeit eines Mietenrückganges ausdrücklich festgehalten sein. Als Wertmaßstab dient im allgemeinen der amtliche Verbraucherpreisindex.

Die entsprechenden österreichischen Verhältnisse wurden schon in der Einführung behandelt.

In der Schweiz ist die Aufnahme einer Indexklausel schon bei einer Mindestvertragsdauer von 5 Jahren möglich und keiner Bewilligungspflicht unterworfen. Als Maßstab wird häufig der Landesindex der Konsumentenpreise und die Entwicklung des Hypothekenzinssatzes herangezogen.

2.6. Steuern

Ungeachtet zahlreicher Besonderheiten, die die Beziehungen zwischen Steuerpflichtigem und Fiskus aufweisen, handelt es sich letztlich doch auch hier um ein Schuldner-Gläubiger-Verhältnis, wie es im privaten Bereich der Volkswirtschaft besteht und von Geldwertschwankungen je nach deren Stärke und Dauer mehr oder weniger stark berührt wird[10].

Deutschland verfügt auf diesem Gebiet über Erfahrung. Eine Art Indexierung der Steuern durch Umstellung auf eine fiktive Goldrechnungsbasis erfolgte im Herbst 1923. Der Fall, daß sich Einzelpersonen oder Gruppen durch nominal fixe Steuerverpflichtungen bei steigendem Geldwert, also Deflation, ungebührlich stark belastet fühlten, trat dann im Verlauf der großen Depression 1930—32 besonders im Bereich der Landwirtschaft auf.

Es kam damals wohl zu gewissen Erleichterungen, die sich an der Erhöhung des in landwirtschaftlichen Erzeugnissen ausgedrückten Wertes von Steuer- und sonstigen Schuldverpflichtungen ausrichteten, nicht aber zu einer Bindung der zu leistenden Abgaben an irgend welche Indizes.

Daß in neuerer Zeit in Deutschland wie in zahlreichen anderen Ländern eine Anpassung der Steuern an die Geldentwertung gefordert und manchmal sogar tatsächlich schon gehandhabt wird — Brasilien ist hier ein bemerkenswertes Beispiel — hängt einerseits mit den zunehmenden Inflationsraten und andererseits mit der Tatsache zusammen, daß die absolute wie auch die relative Bedeutung der Gesamtsteuerlast beträchtlich zugenommen hat.

---

[10] *Ehrlicher*, Werner: S. 75.

Hier fallen besonders die Einkommenssteuern stark ins Gewicht, da es sich bei ihnen um Abgaben handelt, die in überdurchschnittlichem Grade inflationsempfindlich sind.

Grundsätzlich ist hier die Methode der indirekten von der direkten Progression zu unterscheiden.

Die indirekte Progressionswirkung kommt dadurch zustande, daß bestimmten, im allgemeinen unteren Einkommensschichten Abzüge von der Bemessungsgrundlage und/oder Steuerschuld zugestanden werden (in Österreich z. B.: Werbungskosten und Sonderausgaben sowie allgemeiner Absetzbetrag, Alleinverdienerfreibetrag, Kinderabsetzbetrag, Pensionistenabsetzbetrag ...).

Die direkte Progression findet im Tarifaufbau ihren Ausdruck. Der progressiv steigende Steuersatz wird auf die Bemessungsgrundlage bezogen, wobei diese ihrerseits in verschiedene Teilmengen (Stufen) zerlegt werden kann.

In Österreich wird gegenwärtig das Verfahren der Teilmengenstaffelung angewandt. Auf verschiedene Einkommensstufen werden verschiedene Steuersätze in Ansatz gebracht. Aus der Summe der Steuerbeträge der einzelnen Stufen wird sodann die gesamte Steuerbelastung ermittelt.

Der Vorzug des Teilmengen- bzw. Stufentarifs liegt darin, daß durch Variation der Stufenbreite und/oder Grenzsteuersätze verhältnismäßig einfach fiskal-, verteilungs- oder stabilitätspolitische Vorstellungen der Regierung im Tarif berücksichtigt werden können.

In den europäischen Ländern gibt es zur Zeit noch keine Indexierung, mit deren Hilfe die Inflation bei der Berechnung des Realeinkommens ausgeschaltet wird. Folgende Lösungen werden in Erwägung gezogen, um bloße inflationsverursachte Mehreinnahmen vor Steuerprogression zu schützen.

2.6.1. Indexierung der Bemessungsgrundlage

Wird die steuerliche Bemessungsgrundlage auf ihren realen Wert deflationiert, so führt der Progressionstarif zu einer realen Steuerbelastung, als ob keine Inflation bestünde. Reale Einkommenssteigerungen hingegen haben progressive Mehrbelastungen zur Folge, die auf Grund der Verteilungsnorm des Tarifs beabsichtigt sind. Allerdings stellt die so gewonnene Steuerlast eine reale Größe dar, die, da sie an den Staat ja in Nominalgeld zu entrichten ist, wieder inflationiert werden müßte.

2.6.2. Indexierung der Steuerschuld

Die Verminderung der Steuerschuld um die Geldentwertungsrate wäre administrativ am einfachsten zu handhaben. So könnte der Staat z. B. einen von Jahr zu Jahr neu festzusetzenden Inflationsabsetzbetrag dekretieren. Das Problem dieser Methode besteht darin, daß einerseits inflationiertes Einkommen voll dem progressiven Steuertarif unterworfen wird (und dadurch eine Änderung der Steuerlastverteilung zwischen den Einkommensbeziehern herbeigeführt) sowie anderseits die Annahme unterstellt wird, man könne dem Staat eine um die Inflationsrate bereinigte Steuerschuld mit entwertetem Inflationsgeld bezahlen.

Aus dieser Sicht erscheint die Steuerschuld als die schlechteste der möglichen Indexierungsgrundlagen.

2.6.3 Indexierung von Freibeträgen

Der Abzug von Freibeträgen von der Bemessungsgrundlage bewirkt eine Abschwächung der Progression (Progressionsabfall). Da die Inflation die Kaufkraft der Freibeträge verkürzt, muß eine Valorisierung Platz greifen. Das Einfrieren von Freibeträgen in Zeiten fortdauernder Inflation läßt den Wert von Freibeträgen gegen Null tendieren und hat eine laufende Verstärkung der Progression zur Folge.

Da Freibeträge die Bemessungsgrundlage verkürzen, stellen sie ein Teilproblem der Indexierung der Bemessungsgrundlage dar. Die Valorisierung von Freibeträgen allein bedeutet daher lediglich eine Teilentlastung von den Inflationswirkungen.

2.6.4. Indexierung von Absetzbeträgen

Absetzbeträge verkürzen die Steuerschuld. Ihre Valorisierung im Zuge der Inflation wäre ebenso notwendig wie jene der Freibeträge, da ansonsten eine indirekte Progressionsverschärfung eintritt, die wegen der unterschiedlichen Bemessungsgrundlagen allerdings schwächer ausfallen dürfte als bei den Freibeträgen.

Wie bei den Freibeträgen gilt auch hier, daß eine Valorisierung der Absetzbeträge nur eine Teilentlastung bewirkt[11].

Gegenwärtig wird der Inflation im europäischen Steuerwesen dahingehend Rechnung getragen, daß man von Zeit zu Zeit neue Steuerstufen und Freibeträge mehr oder weniger willkürlich neu festlegt.

---

[11] *Indexbindung in Österreich:* S. 67, 68.

2.7. Bilanzierung

2.7.1. Einleitung

Unbestritten ist es die Aufgabe der Buchhaltung, nach Ablauf eines Geschäftsjahres eine systematische Darstellung des Vermögens und der Schulden und damit des Reinvermögens sowie Durchführung einer Erfolgsrechnung, die alle positiven und negativen Einflüsse aufzeigt, zu erbringen, wodurch das Betriebsergebnis ermittelt werden kann. Dabei darf jedoch niemals übersehen werden, daß es sich um eine Rechnung über ökonomische Werte und damit letztlich um eine Rechnung über die Kaufkraft der Güter, niemals jedoch um eine Rechnung über Bestand und Bestandsveränderungen an nominellen Geldzeichen handelt[12].

Eine Wertveränderung der Rechnungseinheit, in der nun eine Bilanz erstellt wird, muß damit zwangsweise deren Ergebnisse verzerren.

Wie eingangs angedeutet, bestehen schon seit den zwanziger Jahren Meinungsunterschiede darüber, wie man die herkömmlichen Bilanzierungsmethoden den tatsächlichen Erfordernissen anpassen könne. Damals wurden in Deutschland erstmals die Probleme der Scheingewinnbesteuerung mit den Auswirkungen der Teuerung auf Anlagen- und Umlaufvermögen, umsatzabhängige Kosten und Gewinne wissenschaftlich untersucht.

In der Wirtschaftspraxis gab es damals tatsächlich einige deutsche Firmen, die 1922/23 alle Zahlen des Jahresabschlusses in Gold oder Dollar umrechneten.

Im Nachbarland Holland begannen Firmen fast gleichzeitig damit, die Aktiva in aktuellen statt in historischen Wiederbeschaffungswerten auszudrücken. Einige Unternehmer, wie zum Beispiel Phillips, haben dieses Verfahren für Teile ihrer Bilanz bis in die heutige Zeit fortgesetzt, auch wenn sie für das Finanzamt und die internationalen Börsen weiterhin herkömmliche Bilanzen veröffentlichten.

Die deutsche und holländische Methode ist bis heute jeweils als Grundlage für die beiden Hauptverfahren einer Inflationsbilanz anzusehen:

Umrechnung zu laufender Kaufkraft, ausgedrückt in einer Indexzahl oder in einer konvertiblen Hartwährung oder Umrechnung zu laufenden Kosten.

---

[12] *Seicht*, Gerhard: Inflation, 1975-02-13.

2.7.2. England (Sandilands-Verfahren)

Im September 1975 legte in England ein von der Regierung einberufener Ausschuß einen vielbeachteten Bericht[13] über Bilanzmethoden in Inflationszeiten vor.

Er schlägt, wie noch ersichtlich, eine an das zweite Verfahren angelehnte Lösung vor.

Da die britische Wirtschaft heute mit einer der höchsten Inflationsraten der Welt leben muß, verwundert es kaum, daß dort das Interesse an Inflationsbilanzen besonders groß ist. Dazu kommt, daß Steuer- und Abschreibungsvorschriften die inflationäre Auszehrung der Bilanzen im Vergleich zu Kontinentaleuropa meist noch verschärfen.

Bei fast 30 Prozent Teuerung wie in England werden in der Tat die Aktiva radikal unterbewertet, die Erträge jedoch entsprechend überbewertet, Kapital wird unwissentlich als Gewinn ausgeschüttet, flüssige Mittel und Verbindlichkeiten falsch ausgewiesen.

Das Sandilands-Verfahren[14] sieht eine getrennte Ausweisung von Vermögens- und Betriebserträgen vor, wobei letztere um die höheren Abschreibungen berichtigt werden. Das Verfahren von Sandilands bewertet die Aktiva nicht nach dem jeweiligen Veräußerungswert für die Aktionäre, sondern nach dem am Stichtag gegebenen Ertragswert für das Unternehmen und wurde daher vom industriellen Arbeitgeberverband (CBI) wärmstens begrüßt:

„Es stellt die Ertragslage unserer Privatwirtschaft realistisch dar", meint etwa Frank Harvey von der steuerpolitischen Abteilung des Verbandes. Bankiers und Börsianer freilich sorgen sich, daß bei diesem Verfahren der Einsatz der Kapitaleigner nicht korrekt dargestellt werde.

Die britischen Firmen werden daher wohl mit einer Kombination der zwei Methoden arbeiten; darüber hinaus scheint der Internationale Ausschuß für Bilanznormen, in dem Fachleute aus Deutschland, England, Frankreich, Holland, Japan, Kanada, Mexiko, Österreich und USA zusammenarbeiten, dieser Lösung prinzipiell zuzustimmen.

Dabei verdienen die drei Hauptaspekte der Rechnungslegung zu laufenden Kosten (die in England nach Vorlage des Sandilands-Berichts ja offiziösen Charakter hat) besondere Aufmerksamkeit; sie beeinflussen nur den Jahresabschluß, nicht dagegen die tägliche Buchführung.

---

[13] *Inflation Accounting:* Report of the Inflation Accounting Committee (Sandilands Bericht), London 1975.

[14] Genannt nach Francis Sandilands, dem Vorsitzenden des Regierungsausschusses.

Das Anlagevermögen wird bei der Rechnungslegung zu laufenden Kosten nach seinem Ertragswert für das Unternehmen bilanziert. Beträgt also die Inflationsrate in dem betreffenden Rechnungsjahr beispielsweise 20 Prozent, muß genau soviel auf die Anlagenwerte abgeschrieben werden. Die Neubewertung von Gebäuden und Maschinen soll dabei jährlich, die von Grundstücken alle drei Jahre erfolgen. Die historischen Wiederbeschaffungskosten und die offiziellen Abschreibungssätze würden in einem Anhang zum Jahresabschluß dargestellt. Unkörperliches Anlagevermögen (Goodwill, Patente und ähnliches) würden nach den Vorschlägen von Sandilands weiterhin zu historischen Werten bilanziert.

Für das Vorratsvermögen wird ebenfalls der Ertragswert für das Unternehmen zugrunde gelegt, indem man von Wiederbeschaffungskosten und Veräußerungswert jeweils den niedrigeren Betrag bilanziert (entspricht praktisch der Fifo-Methode). So lassen sich Scheinerträge aus dem Vorratsvermögen bei der endgültigen Feststellung von Gewinn und Verlust vermeiden. Nach den Vorschlägen von Sandilands sollen den Firmen sowohl zur Bewertung ihres Anlage- als auch ihres Vorratsvermögens amtliche Richtzahlen vorgegeben werden. Für die umsatzabhängigen Kosten würden in der Bilanz zudem besondere Rücklagen erlaubt sein.

Tabelle 1

Einfluß der Bilanzierung nach der Sandilandsmethode

	Errechnung für 1975 in Mio. Pfund		
Firma	Herkömmlicher Vorsteuer-gewinn	Betriebs-ertrag nach Sandilands	Sandilands Plus/Minus Vermögensertrag
Pilkington	28	8	30
GEC	190	108	158
Vickers	27	1	18
Thorn	70	18	72
Cavenham	35	3	47
Allied Breweries	61	29	104
Grand Metropolitan	40	—	185
Unilever	300	155	345
Marks & Spencer	87	75	97
ICI	300	115	205

Das Sandilands-Verfahren schlägt wie erwähnt die Unterscheidung zwischen Betriebs- und Vermögenserträgen vor. Die Betriebserträge entsprechen im wesentlichen dem geschaffenen Mehrwert, die Vermögenserträge der Differenz zwischen Anschaffungs- und Veräußerungswert der Aktiva abzüglich Abschreibungen[15].

Wie die Tabelle I zeigt, ist der Einfluß der Bilanzierung nach der Sandilandsmethode auf die Erträge 1975 von 10 führenden britischen Firmen von entscheidender Bedeutung.

In der rechten Spalte sind die Betriebserträge um die Vermögenserträge bzw. -verluste (zu deren laufendem Kaufkraftwert) berichtigt[16].

2.7.3. Frankreich

In Frankreich setzen sich viele Firmen seit etwa zwei Jahren für die Wiedereinführung steuerfreier Rücklagen zur Substanzerhaltung ein. Ein solches Recht hatten sie vorher bis 1958 genossen. De Gaulle, der selbstbewußt erklärt hatte, unter seiner Herrschaft würde es keine Inflation mehr geben, schaffte damals dieses Recht wie alle anderen Formen der Indexkoppelung ab.

In letzter Zeit erklärte aber der Finanzminister Fourcade, daß er gegen die Wiedereinführung des alten Systems keine grundsätzlichen Einwände habe. Am 23. Juli 1976 gab er schließlich in einer Aussprache bekannt, daß im nächsten Finanzgesetz (1977) den Unternehmern die Möglichkeit einer steuerfreien Neubewertung ihrer Bilanzen eingeräumt werden wird.

Ohne genauere Angaben zu machen, verspricht sich Fourcade von dieser einmaligen Maßnahme eine Belebung der Investitionstätigkeit[17].

2.7.4. Deutschland

In Deutschland wurde das Thema Inflationsbilanz wegen der relativ niedrigen Teuerungsrate bisher nur wenig diskutiert. Allerdings legte das Institut der Wirtschaftsprüfer schon im Dezember 1974 einen Empfehlungsentwurf mit dem Titel „Zur Berücksichtigung der Substanzerhaltung bei der Rechnungslegung“ vor.

Ziel des Entwurfes ist es, aus einer indexmäßigen Erhöhung der Abschreibungen auf das Anlagevermögen freie Rücklagen zu bilden, die inflatorisch bedingte Scheingewinne des Unternehmens ausweisen. Sol-

[15] *Carson*, Jain: Wie Buchhalter die Inflation bekämpfen, in: *Vision* Nr. 63, Paris Februar 1976. S. 59.

[16] *Gibbs*, Martin: Inflation Accounting after Sandilands, London 1975.

[17] N. N.: La réévaluation des bilans devra stimuler l'investissement, in: Le Monde, Paris 1976-07-25.

che Rücklagen können jedoch nur in die Handelsbilanz der Firma oder in sogenannte Nebenrechnungen des Geschäftsberichts aufgenommen werden; für die Steuerbilanz sind sie genau wie in Holland unzulässig. Firmen wie die Portland-Zementwerke Heidelberg, Eternit und Mannesmann haben derartige Nebenrechnungen bereits veröffentlicht.

2.7.5. Italien

In Italien erlaubt ein von Finanzminister Visentini eingebrachtes und schon in Kraft getretenes Gesetz den Firmen, ihre Aktiva entweder einmalig um den Wert von 50 Prozent ihres Eigenkapitals oder im Verlauf von drei Jahren um maximal 40 Prozent des ursprünglichen Anschaffungspreises höher zu bilanzieren. Die dadurch ermöglichten Rücklagen sind zunächst steuerfrei; werden sie allerdings beispielsweise durch Ausgabe von verbilligten Aktien in normales Eigenkapital umgewandelt, schöpft der Fiskus einen Teil des Zuflusses wieder ab.

2.7.6. Vereinigte Staaten von Amerika

Der amerikanische Bilanznormen-Ausschuß legte Ende 1974 einen Vorschlag vor, nach dem der Jahresabschluß der Firmen Nebenrechnungen zu laufender Kaufkraft enthalten solle.

Die New Yorker Börsenaufsicht (SEC) empfahl dagegen Nebenrechnungen zu laufenden Kosten. In der Wirtschaft scheint sich gegenwärtig eine Mehrheit für das SEC-Modell abzuzeichnen, das in etwa den Vorschlägen von Sandilands in England entspricht.

3. Erscheinungsformen der Indexkoppelung im Kreditwesen

3.1. Indexgekoppelte Anleihen[1]

3.1.1. Einleitung

Die Indexbindung von festverzinslichen Wertpapieren bezieht sich entweder auf die Zinsen oder auf die Kapitalrückzahlung oder auf beides, wobei die Vielzahl der Möglichkeiten bezüglich des anzuwendenden Index nun genauer untersucht wird.

Die weiteste Verbreitung fanden diese Anleihen nach dem zweiten Weltkrieg in Frankreich. In keinem anderen Land der Welt gab es so viele Arten der Indexkoppelung.

Die Bedingungen derartiger Anleihen, wie sie etwa in Finnland, Island oder Israel ausgegeben wurden, weichen dabei kaum von den nun zu besprechenden Indexanleihen ab.

Unter Indexanleihen werden solche Anleihen verstanden, bei denen der Tilgungskurs, die Zinshöhe oder beides zusammen nicht von vornherein unveränderbar festgelegt sind, sondern von der Entwicklung eines Index abhängen.

3.1.2. Einfache Koppelungen

Diese Anleihenart wurde häufig von Staat und verstaatlichter Industrie angewandt. Die Berechnung stützt sich stets auf die Entwicklung einer einzigen Größe, wie beispielsweise den Goldpreis, der kWh, einen Aktienindex oder den Personenkilometer.

4½ %ige Staatsanleihe 1952 (Pinayanleihe)

Sie ist die erste der französischen Indexanleihen. Ursprünglich in zwei Tranchen, 1952 und 1958, zu 3½ % ausgegeben, wurden ihre Besitzer am 30. 12. 1973 vor die Wahl der vorzeitigen Rückzahlung oder einer Umwandlung zu neuen Bedingungen gestellt. Das Auslaufen

---

[1] *Raffay*, Harald: Indexgekoppelte Anleihen in Frankreich, in: Österreichisches Bank-Archiv, 23. Jahrg., Wien 1975, S. 180 ff.

Tabelle 2

Kursentwicklung der Pinay-Anleihe

	Kurse		
	Höchst-,	Tiefst-,	Rücknahmekurs
1953	99,60	91,50	100,00
1954	98,50	92,50	100,00
1955	103,50	95,80	100,00
1956	112,00	97,00	100,00
1957	107,00	99,00	100,00
1958	106,50	97,20	100,00
1959	107,40	97,90	100,12
1960	119,40	105,00	100,00
1961	130,60	113,10	106,26
1962	146,00	127,10	113,44
1963	143,90	134,60	113,96
1964	140,50	130,90	118,20
1965	140,50	135,80	120,19
1966	138,30	127,50	127,39
1967	139,60	131,30	135,23
1968	170,60	138,60	146,22
1969	192,60	165,00	195,89
1970	171,90	141,00	165,23
1971	176,90	152,80	165,12
1972	199,50	166,10	173,32
1973	373,40	191,20	250,03
1974	559,50	362,00	593,26
1975	564,90	490,00	732,20
1976	617,00	497,00	635,46

wichtiger Steuervorteile (Vermögensübergang bei Schenkungen oder im Zuge von Erbschaften konnte in Form dieser Anleihe steuerfrei geschehen) wurde mit einer Anhebung des Zinssatzes auf $4^1/_2$ % kaum aufgewogen.

Die Zinseinkünfte dieser Anleihe blieben hingegen steuerfrei, sind aber nicht indexgekoppelt. Der Rücknahmekurs ist mit dem sich aus dem Kursmittel der jeweils letzten 100 Notierungen des 20-F-Goldstückes (Louis d'or) vor dem 15. Mai gegeben. Heute kann man mit dieser Anleihe Verpflichtungen wie Bezahlung der Erbschafts- oder Schenkungssteuer und sämtlicher bei einer Grundstücksübertragung anfallender Stempelgebühren und Steuern (droits de mutuation) begleichen, was einen großen Vorteil bedeutet, da der Börsenkurs seit Beginn 1974 stets 25 bis 35 % unter dem offiziellen Rücknahmekurs liegt.

Der Handel dieser damit in ihrer Art einzigen Anleihe umfaßt seit Beginn 1974 ein Viertel bis die Hälfte des gesamten Umsatzes an der Pariser Börse.

3.1.3. Doppelte Koppelungen

In diesem Fall ist die Entwicklung der Anleihe an zwei Indizes gebunden. Unabhängigkeit voneinander bezieht sich der eine unmittelbar, der andere nur mittelbar auf die Geldwertschwankungen. Das ist beispielsweise mit der Verknüpfung an ein Preisniveau und an eine Produktionsmenge erreicht. Diese beiden Beziehungen stehen in keinem Abhängigkeitsverhältnis zueinander und können sich daher gegenseitig verstärken oder abschwächen. Folgendes Beispiel erläutert diese Technik.

6 % G.I.S.-Anleihe 1953 (Groupement de l'Industrie Siderurgique)

Zu dem Zinsfuß von 6 % wird noch ein Bonus bezahlt, dessen Höhe sich sowohl nach der erzeugten Menge französischen Rohstahls als auch nach dem Preis der Rohstahltonne richtet:

Für jedes Prozent, um das die Erzeugung von 10 500 000 t übertroffen wird, erhöht sich der Bonus um 0,006 F. Für jedes Prozent, um das der Tonnenpreis um 300 F übertroffen wird, erhöht sich der Bonus ebenfalls, diesmal um 0,015 F.

Die Anleihe selber wird zu mindestens 105 in 20 Jahren getilgt, wobei wie bei den Zinsen die doppelte Koppelung angewendet wird. Die Klauseln blieben gleich und unterscheiden sich nur in den Sätzen. Ein Prozent der Produktionszunahme entsprach einer Erhöhung von 0,1 F und ein Prozent der Stahlpreiszunahme einer solchen von 0,25 F.

Tabelle 3

Kursentwicklung der G.I.S.-Anleihe 1953

	Dividende (brutto)	Rücknahmekurs	Kurse höchst	Kurse tiefst
1954	6,06	105,00	104,00	94,90
1955	6,03	105,00	107,10	100,00
1956	6,13	105,00	110,80	96,00
1957	6,22	105,00	103,80	87,00
1958	6,37	106,13	102,50	90,00
1959	6,56	109,26	119,90	98,20
1960	6,81	113,39	132,00	120,80
1961	7,05	117,49	127,50	118,70
1962	7,11	118,48	132,00	120,80
1963	7,19	119,76	136,00	123,10
1964	7,29	121,46	135,10	125,10
1965	7,42	123,57	138,20	126,70
1966	7,41	123,41	132,60	120,20
1967	7,41	123,39	131,50	120,20
1968	7,41	123,46	134,00	120,90
1969	7,45	124,16	129,00	117,80
1970	8,57	127,34	134,50	118,20
1971	9,42	140,06	147,40	122,00
1972	9,59	142,51	148,10	134,00
1973	9,86	156,20	158,70	142,00

3.1.4. Vermischte Koppelungen

In diesem Fall bestimmen wieder zwei Indizes die Anleihe. Wie bei der doppelten Koppelung ist einer davon direkt, der andere nur indirekt von den Geldwertschwankungen abhängig. Die Neuerung besteht aber darin, daß nun diese beiden Indizes zueinander in Beziehung stehen. Im Umsatz, der sich aus der Summe der abgesetzten Einheiten und den erzielten Preisen je Einheit zusammensetzt, sind beide Größen vereint.

Der Vorteil dieser Art von Koppelung liegt unbestreitbar in seiner Einfachheit. Schwierig wird es aber, wenn die betreffende Gesellschaft wesentliche Änderungen im Aktivvermögen vornimmt. Eine Behandlung dieses Falles erfolgt im Anhang. Die juristische Erfassung aller möglichen Entwicklungen ist schwierig und fast nie lückenlos durchführbar.

Eine an den Umsatz gebundene Anleihe ist für den Emittenten unter gewissen Umständen nicht ganz harmlos. Umsatz und Gewinn gehen nicht notwendigerweise Hand in Hand und ein scharfer Wettbewerb

Tabelle 4

Kursentwicklung der Renault-Anleihe 1955

	Dividende (brutto)	Rücknahmekurs	Kurse höchst	Kurse tiefst
1955			105,00	95,00
1956	5,68	105,00	103,30	97,00
1957	5,78	105,00	100,00	92,00
1958	6,00	109,00	104,50	89,05
1959	6,43	116,80	133,90	97,60
1960	6,85	124,60	142,00	118,00
1961	7,48	136,00	140,00	127,30
1962	7,58	137,80	148,20	129,40
1963	7,32	133,00	162,70	140,10
1964	8,06	146,40	162,00	142,10
1965	8,78	159,60	166,00	136,30
1966	8,61	156,40	172,00	150,00
1967	8,96	162,80	192,50	165,00
1968	10,19	185,20	203,70	178,00
1969	10,64	193,40	216,50	185,50
1970	12,63	204,80	267,00	199,10
1971	15,08	244,60	291,00	251,10
1972	17,61	285,80	345,00	278,70
1973	19,02	308,60	375,00	328,00
1974	21,88	355,00	429,00	370,20

oder veränderte Marktbedingungen könnten dazu führen, daß eine Umsatzsteigerung oder selbst ein Halten des Umsatzes nur unter Beschneidung der Gewinnspannen möglich ist, wobei dann die finanziellen Lasten doppelt spürbar werden.

Andererseits birgt gerade diese Form bei geschickter Unternehmensführung (Abstoßen unwirtschaftlicher Tätigkeiten, Rationalisierungen ...) große Chancen für den Betrieb.

Da eine Voraussage der Geschäftsentwicklung über 15 bis 20 Jahre unmöglich ist, lassen sich finanzielle Lasten derartiger Anleihen nie genau vorhersagen.

Eine andere Schwierigkeit stellt die Aufnahme bedeutender Investitionskredite, was mit großer Wahrscheinlichkeit auch eine Umsatzerhöhung nach sich zieht. Wie grenzt man diese Entwicklung gegenüber dem Anleihenzeichner ab, da er ja zu ihr nichts unmittelbar beigetragen hat? Mit der Einführung eines später noch erläuterten „Moderators" wurde eine Näherungslösung gefunden.

5½ % Renault-Anleihe

Renault gab 1955 eine Anleihe über 30 Mio. F zu folgenden Bedingungen aus:

Zu den Zinsen ist noch ein Bonus zuzuzählen, dessen Höhe in Beziehung zur Umsatzzunahme steht. Für jedes Prozent, das der Umsatz den Betrag von 1 150 965 055 F (Umsatz von 1953 und Berechnungsgrundlage) übersteigt, erhöht sich der Bonus um 0,011 F.

Die Anleihe selber wird in den ersten 10 Jahren mindestens zu 105 und in den zweiten 10 Jahren zu 110 getilgt.

3.1.5. Anhang

Das Aufnehmen der Indexklausel in die Begebungsbedingungen einer Anleihe bedingt einige Vorsichtsmaßnahmen, deren Zweck darin besteht, die Beteiligten zu schützen.

Der Emittent darf keine zu große finanzielle Belastung erleiden, während der Anleihenzeichner gegen eine zu unglückliche Indexentwicklung geschützt werden muß.

Deswegen findet man häufig eine Reihe von Zusatzklauseln, deren wichtigste hier kurz erläutert sind.

3.1.5.1. Moderator

Bei einigen der angeführten Beispiele ändert sich der Bonus nicht im gleichen Maße wie der Index, auf den er sich bezieht.

Bei der $5^1/_2$ %igen Renault-Anleihe 1955 steigen die Zinsen um 0,011 und der Rückzahlungskurs um 0,2 F für jede Umsatzzunahme um ein Prozent. Bei einem Zinssatz von 5,5 % entspricht daher eine Erhöhung von einem Prozent nur einer tatsächlichen Zinserhöhung von 0,20 % $\left(\frac{0{,}011}{5{,}5}\right)$. Auch der Tilgungskurs erhöht sich in diesem Fall in Wirklichkeit nur um 0,20 % $\left(\frac{0{,}2}{100}\right)$.

Anders ausgedrückt spiegelt sich die Umsatzerhöhung nur zu 20 % im Zins- und Tilgungsbonus. Dieser Koeffizient, im erwähnten Fall 20 %, wird im französischen „coéffizient modérateur“ genannt.

Bei den doppelten Koppelungen können zwei dieser „mildernden Größen“ festgelegt sein. In den Zeichnungsbedingungen der 6 %igen G.I.S.-Anleihe 1953 ist ein Moderator von 10 % bei dem auf die französische Stahlerzeugung bezogenen Index und einer solchen 20 % beim Preisindex in Kraft.

Dieser Koeffizient ist für beide Teile von Bedeutung. Das vollkommene Fehlen eines Index schiebt allein dem Zeichner das Geldwertrisiko zu. Bei einem Index, der den Geldwertschwund zu 100 % berücksichtigt, trägt der Emittent das gesamte Risiko.

Aber der Mittelweg des Moderators drängt sich noch aus einem anderen Grund auf.

Bei einem sich auf den Umsatz beziehenden Index ist sein Anstieg nur durch die Geschäftsausweitung gegeben. Diese Ausweitung ist aber nicht notwendigerweise der Mittelzuführung durch die Indexanleihe gutzuschreiben. Aufgenommene Kredite, aufgebrachte Eigenmittel, Rationalisierungsmaßnahmen und ähnliche Ursachen, die überhaupt nichts mit der Anleihe zu tun haben, können der Grund einer günstigen Entwicklung sein.

Eine nur beschränkte Beteiligung des Anlegers an diesen Erfolgen erscheint daher durchaus gerechtfertigt.

3.1.5.2. Stufenklausel

Eine weitere Möglichkeit, die Wirkung eines Index abzuschwächen, ist die Stufenklausel. Sie vereint die Vorteile eines hohen Mindestzinssatzes mit denen der Indexkoppelung.

Sie ist der Vergleich zwischen dem Wunsch des Emittenten, durch die angebotene Indexklausel zu einem niedrigeren Zins aufnehmen zu können und dem Wunsch des Anlegers, trotz der Indexierung in den Genuß eines gehobenen Zinssatzes zu kommen.

Will der Emittent für eine indexgekoppelte Anleihe, deren Index auf 100 steht, nicht mehr als vier Prozent zahlen, so kann er angesichts der schlechten Aufnahme durch das Publikum, das den Zins als zu niedrig erachtet, eine Anleihe zu 6 % auflegen, wobei die Indexkoppelung erst dann in Kraft tritt, wenn der Index eine Stufe höher, nämlich auf 150 steht.

Der Anleger erhält damit sofort 6 %, die Indexklausel spielt jedoch erst ab dem Augenblick eine Rolle, in dem der Emittent bei einem Satz von 4 % und sofortiger Indexwirkung (ohne Moderator) gezwungen wäre, insgesamt 6 % zu zahlen (4 : 100 = 6 : 150).

Schaubild I

Vergleich Stufenklausel-Moderator

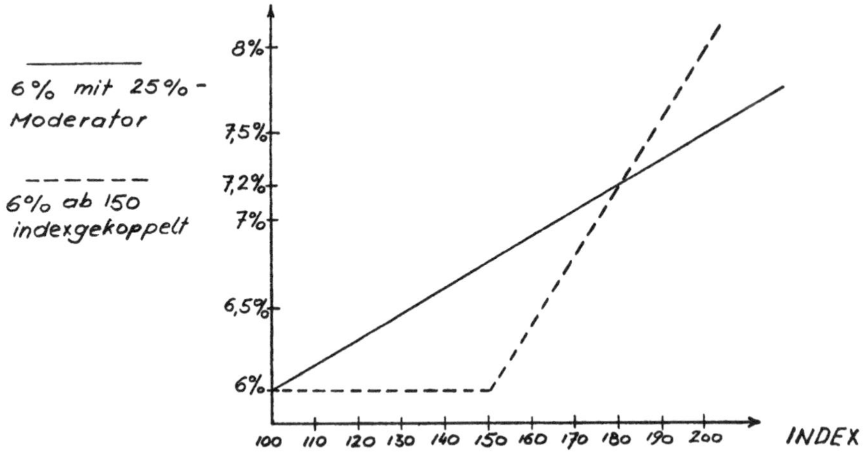

Ein Vergleich zwischen dem Einfluß der Stufenklausel und dem des Moderators ist aufschlußreich.

Die Tabelle und das Schaubild geben den gleichen Sachverhalt wieder. Der kritische Punkt bei 180 ist klar erkennbar. Bis dahin ist für den Anleger die 6 %ige Anleihe mit dem Moderator günstiger als die mit der Stufenklausel ausgestattete Anleihe.

Die erste Lösung entspricht Zeiten des verhältnismäßig stabilen Geldwertes, wobei der herangezogene Index voraussichtlich keinen allzu großen zukünftigen Schwankungen unterworfen scheint. Die Stufenklausel bietet sich dann an, wenn der Anleger vor allem die Inflation fürchtet, ihr durch einen höheren Zins entkommen, auf eine Indexkoppelung aber trotzdem nicht verzichten will.

Tabelle 5

Tatsächlich erbrachte Zinsleistung

Index	100	110	120	130	140	150	160	170	180	190	200
6 %ige Anleihe Moderator 25 %	6,00	6,15	16,30	6,45	6,60	6,75	6,90	7,05	7,20	7,35	7,50
6 %ige Anleihe ohne Moderator, Indexbasis 150	6,00	6,00	6,00	6,00	6,00	6,00	6,40	6,80	7,20	7,60	8,00

3.1.5.3. Die Garantie der Mindestprämie

Mit dieser Garantie verpflichtet sich der Emittent, sowohl Zins- als auch Kapitalrückzahlung mit einer Prämie selbst dann auszustatten, wenn sich der gewählte Index unvorteilhaft für den Anleger entwikkelt.

Mit einer derartigen Garantie waren die 5½ % Renault-Anleihe 1957 und die 6 % G.I.C.E.L.-Anleihe 1957 ausgestattet.

Neben diesen rechentechnischen Klauseln sind aber noch weitere Punkte von Bedeutung und werden stets in einem vollständigen Zeichnungsprospekt einer Indexanleihe erwähnt.

Im Falle einer vorzeitigen Rückzahlung ist in den meisten Fällen vorgesehen, daß der endgültige Tilgungskurs niemals niedriger als die letzte Tilgungsrate sein darf.

Schwierig ist die Behandlung einer Kapitalerhöhung und die diesbezüglichen Klauseln weichen stark voneinander ab. Es wird aber immerhin allgemein anerkannt, daß Gewinne, die vor allem auf eine aus eigenen Mitteln vorgenommenen Kapitalerhöhung zurückzuführen sind — die Abgrenzung bildet auf Hauptversammlungen schon den gewohnten Zankapfel —, den Anleihezeichnern nicht in dem gleichen Maße wie den Aktionären zugute kommen kann.

Der umgekehrte Fall tritt bei einer Ausschüttung von Reserven ein. Das bedeutet für den Anleiheninhaber, daß die Gesellschaft Eigenkapital, dessen Verbleib im Betrieb sich auf die Gewinn- oder Umsatzentwicklung günstig auswirken könnte, ausschüttet. Da die Höhe der durch diese Ausschüttung entgangene Rendite schwer feststellbar ist, setzt man in diesem Fall einen eigenen Entschädigungssatz von vornherein fest.

In Fällen bedeutender Veränderungen im Betriebsvermögen (Erwerb oder Verkauf von Beteiligungen) gilt folgende Grundregel:

Man geht immer von der Annahme der Möglichkeit einer rechnerischen Herausschälung dieser Änderung aus. Wird die Filiale verkauft, so verfolgt man weiterhin ihre Entwicklung und geht so vor, als wäre sie nie abgegeben worden. Der Verkaufserlös wird so behandelt, als sei er nie in das Betriebsvermögen eingegangen. Auch der Erwerb von Beteiligungen wird in diesem Sinn behandelt.

Es ist offensichtlich, daß es bei diesen Lösungen niemals zu einer vollkommenen Befriedigung sämtlicher Wünsche der Beteiligten kommen kann.

3.1.6. Zusammenfassung

Es war kein Zufall, daß die ersten Indexanleihen Staatsanleihen waren. Der dringende Kapitalbedarf und eine schwierige wirtschaftliche Lage machten andere Lösungen unmöglich. Als die Privatindustrie sah, daß der eingeschlagene Weg erfolgreich war, folgte sie nach und hatte nicht mehr mit den Schwierigkeiten zu kämpfen, die eine Anleihenausgabe mit vollkommen neuen Bedingungen mit sich bringt.

Aus der Sicht des Anlegers erwiesen sich die „obligations participantes“ risikoreicher als jene Anleihen, die an die Umsatzentwicklung gebunden waren.

Diese konnten wohl wesentliche Gewinne erzielen, mußten aber auch manchmal mit einer nur mäßigen Entwicklung zufrieden sein. Eine Statistik aus dem Jahr 1967 zeigt, daß von 38 „obligations participantes“ 20 zum Mindestkurs getilgt wurden, während im gleichen Jahr alle umsatzgekoppelten Anleihen zu einem höheren Kurs als dem verbürgten Minimum getilgt wurden.

Im allgemeinen waren die Anleger mit den Indexanleihen besser als mit den Anleihen im herkömmlichen Sinn beraten. Das bedeutet aber für den Emittenten, daß seine finanziellen Lasten entsprechend höher lagen.

Es mag noch darauf hingewiesen werden, daß eine abschließende Beurteilung der Indexanleihe nicht auf Grund langjähriger Erfahrungen in Ländern wie Brasilien, Finnland, Frankreich oder Israel getroffen werden kann. Zu verschieden sind die jeweiligen Finanz-, Sozial- und Wirtschaftsverhältnisse; zu fehlerhaft die Schlußfolgerungen für ein Land, die sich auf die Erfahrungen in einem anderen Land gründen. Unter Einbeziehung der augenblicklichen und zukünftigen Wirtschaftslage, den Wünschen der Sparer und den Möglichkeiten der Emittenten sind Vor- und Nachteile der Indexanleihe für jedes Land neu zu überdenken.

3.2. Anleihen mit veränderlichem Zinsfuß[2]

3.2.1. Einleitung

Die ersten Anleihen dieser Art wurden 1970 auf dem Euromarkt ausgegeben. Dieser Schritt kam nicht vollkommen überraschend; schon seit 1966 fanden mittelfristige Kredite, deren Sätze von sich kurzfristig ändernden Größen abhängen, in der Bankpraxis als Roll-Over-Kredite Eingang. Ohne weiter auf sie einzugehen sei bemerkt, daß es sich dabei um Kredite mit einer Laufzeit von 2 bis 7 Jahren handelt, deren Sätze alle 3 oder 6 Monate im Verhältnis zum Terminkurs des US-Dollars — oder manchmal einer anderen Währung — geändert werden[3].

Im Mai 1970 übertrug die staatliche italienische Elektrizitätsgesellschaft ENEL den Grundgedanken, langfristige Ausleihungen an sich kurzfristig ändernde Terminsätze zu binden, mit ihrer Emission über 125 Mio. $ erstmals auf den Euroanleihenmarkt. Die damalige Überzeichnung um 100 Mio. $ läßt den Erfolg außer Zweifel[4].

Es folgten im gleichen Jahr 3 Anleihen amerikanischer Gesellschaften (Pepsico, 75 Mio. $; Insilco, 25 Mio. $; und General Cable, 25 Mio. $), die aus steuerlichen Gründen von ihren Filialen auf den Niederländischen Antillen ausgegeben wurden.

Daran schloß sich eine Staatsanleihe von Argentinien über 50 Mio. $, womit diese Anleihen im ersten Jahr ihres Auftauchens mit einer Gesamtsumme von 300 Mio. $ ein Neuntel aller Euroemissionen darstellten.

Der vorläufige Höhepunkt wurde aber erst 1974 am US-amerikanischen Markt mit der Ausgabe von Floating Rate Notes der Chase Manhattan Corp. über 200 und der Citycorp. über 850 Mio. $ erreicht.

Schon jetzt kann festgestellt werden, daß der grundsätzliche Widersinn der Mischung kurz- und langfristiger Größen letztlich als Versuch zu verstehen ist, Kapitalmarktverhältnisse zu meistern, die durch ein zusammengebrochenes Währungssystem, eine stürmische Geldentwertung und weltwirtschaftliche Ungleichgewichte größten Ausmaßes gekennzeichnet sind.

---

[2] *Raffay*, Harald: Anleihen mit veränderlichem Zinsfuß, in: Österreichisches Bank-Archiv, 23. Jahrg., Wien Dezember 1975. S. 526 ff.

[3] *Chartier*, Yves: Une *Nouveauté sur le marché Francais:* Les obligations à taux flottant, in: La semaine juridique, Paris, 1975-04-03.

[4] du *Pré de Saint-Maur*, Jean: Les Euro-Crédits Financiers, in: Banque Nr. 328, Paris, April 1974.

3.2.2. Konsortialaufbau und besondere Kennzeichen

Der Aufbau des Begebungskonsortiums unterscheidet sich kaum von jenem anderer Euroanleihen und ist deshalb hier nur stark vereinfacht angeführt.

Schaubild II

Konsortialaufbau

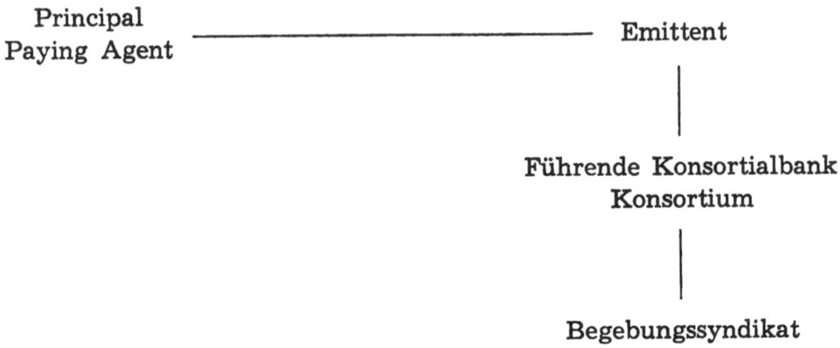

Der Emittent wendet sich an eine Bank und bietet ihr die Rolle einer führenden Konsortialbank an. Die in Frage kommende Bank bemüht sich nun um die Aufstellung von Konsortium und Begebungssyndikat.

Bei erfolgreichem Zustandekommen derselben übernimmt die Bank die Emission und verpflichtet sich damit zur Mittelaufbringung in Höhe der vorgesehenen Anleihe. Der Emittent hat niemals unmittelbar — abgesehen von sonstigen geschäftlichen Verbindungen — mit den anderen Banken zu tun.

Auf Veranlassung des Konsortialführers wird zwischen dem Emittenten und dem Principal Paying Agent (oft handelt es sich hier um eine Tochter des Konsortialführers) ein Zahlungs- und Verwaltungsabkommen geschlossen, womit letzterer die ordnungsgemäße Kuponzahlung und Tilgung für die Rechnung des Emittenten übernimmt. Auf seine sonstige Bedeutung wird später noch hingewiesen[5].

Bei dieser Art von Anleihen ist naturgemäß die Zinsklausel von größter Bedeutung. Man koppelt gewöhnlich den Zinssatz an die Entwicklung der in London gehandelten 6-Monats-Eurodollareinlagen. Dieser als LIBOR (London interbank offered rate for eurodollar deposits) bekannte Satz stellt wohl die weitverbreitetste, nicht aber die ausschließliche Größe dar, woran die Zinsentwicklung gebunden wird. Bei

[5] *Le Moël*, Philippe: Le marché des euroobligations, unveröffentlichte Studie, Paris, Mai 1973, S. 16.

der Emission G.I.S. (Groupement Industriel Sidérurgique) 1974 der französischen Stahlindustrie wurde beispielsweise ein Mittel der Tagessätze für Zwischenbankeinlagen in Franc am Pariser Platz und bei den Ausgaben der beiden amerikanischen Banken das Mittel der 3-Monats-Sätze für amerikanische Schatzscheine als Richtgröße herangezogen.

Das Mittel des von 5 oder 6 Banken am Londoner Platz gehandelten LIBOR-Satzes wird gewöhnlich um die vereinbarte Spanne von 3/4 % bis 1 1/2 % p. a. erhöht und auf volle 1/8 % aufgerundet. Diese Spanne muß die Emissionskosten und die Kommissionen decken. Ihre Höhe hängt von der Güte der Unterschrift des Schuldners ab und kann bei hohem politischen Risiko bis zu 3 % betragen.

In der Gruppe der Banken, deren $-Terminsätze zur Kuponerrechnung herangezogen werden (Reference Banks oder Rate Setting Banks), können auch Filialen ausländischer Banken in London aufgenommen werden. Es handelt sich dabei meist um jene Banken oder deren Filialen, die das Konsortium bilden.

Als „Referenzbanken" sind beispielsweise für die französische Area-Euroanleihe 1974 Banque de Bruxelles, Crédit Suisse, Manufacturers Hanover Trust, National Westminster Bank Ltd. und Westdeutsche Landesbank Girozentrale genannt, während bei der südafrikanischen Escom-Euroanleihe 1974 Citybank, London Multinational Bank Ltd., Barclay's Bank International Ltd. und Bank of Montreal aufscheinen.

Der Betrag des Kupons wird solcherart 2 Arbeitstage vor jedem festgelegten Halbjahr bestimmt und folgt der gemittelten Entwicklung des LIBOR in einem Abstand von 6 Monaten. Damit erhält man am Ende jeden Halbjahres, was zu seinem Anfang schon errechnet wurde.

Die Zinsklausel, die bei allen diesen Anleihen fast gleich lautet, regelt auch Sonderfälle:

Sollte eine oder mehrere Referenzbanken keinen LIBOR anzeigen, hat man das Mittel der Sätze der verbliebenen Banken anzuwenden. Fallen alle Referenzbanken aus, ist der Rückgriff auf den höchsten Satz vorgesehen, zu dem eine amerikanische an eine europäische Bank Dollars auf 6 Monate vergibt.

Diese sehr wichtige Aufgabe der Feststellung des höchsten $-Terminsatzes fällt dann dem Principal Paying Agent zu. Sollte auch dies nicht möglich sein, ist eine Kuponzahlung in der Höhe des letzten zur Auszahlung gekommenen Kupons vorgesehen.

Eine derartige Abfassung dieser Klausel — im Anhang ist die Zinsklausel der Pepsico-Euroanleihe 1970 wiedergegeben — ist in zweierlei Hinsicht unbefriedigend:

Nirgends erfolgt ein Hinweis darauf, wie gegebenenfalls der Principal Paying Agent den höchsten Satz feststellen soll oder kann. Wie immer aber seine Entscheidung dann auch ausfällt, sie ist endgültig (... final and binding upon all parties).

Auch der Rückgriff auf den letzten Kupon im Falle eines Fehlens jeder Angabe über $-Terminsätze erscheint wenig überzeugend, woran auch die Tatsache, daß bei diesen Anleihen stets ein Mindestzins verbürgt ist, wenig ändert. Gerade für den Augenblick der Bedrängnis — und um einen solchen handelt es sich dann ja wohl — wäre eine verläßlichere Regelung wünschenswert.

3.2.3. Rechtliche Zuordnung

Bei den Anleihen mit veränderlichem Zinsfuß ist ausdrücklich, wie bei gewöhnlichen Euro-Anleihen, die Rechtszuständigkeit eines bestimmten Landes festgehalten (z. B. das Recht im Staate New York für die Pepsico-, Insilco-, General Cable- und Argentinien-Anleihe, englisches Recht für die Enel-Vizcaya- und Swiss Aluminium-Anleihe und französisches Recht für die Area-Anleihe)[6].

Diese Unterstellung unter nationales Recht ist sicher wertvoll, aber angesichts der internationalen Kapitalverflechtungen, die sich bei derartigen Ausgaben ergeben, wäre vielleicht die Anwendung internationaler, in allen Staaten gleich gültiger Rechtsregeln erstrebenswerter, da hier die nationalen Rechtsordnungen eindeutig gesprengt werden:

Multinationale Gesellschaften nehmen durch Großbanken in aller Welt Anleihen für oft international gestreute Investitionen auf, die in Luxemburg notieren und deren Kupon von in London errechneten Größen abhängt.

3.2.4. Vorteile für Anleihenemittent und -zeichner

Kapitalnehmer und Anleihenzeichner haben verschiedene Gründe, diese Art der Anleihe gegebenenfalls zu bevorzugen.

Diese Technik gestattet dem Schuldner auch in Zeiten, wo gewöhnliche Anleihen trotz hohem Zinssatz nicht mehr placiert werden können — angesichts von Inflation und Liquiditätsanspannung erachtet der Zeichner die angebotene Rate als zu niedrig und befürchtet außerdem, eine weitere Zunahme der Geldentwertung —, die Aufnahme wesentlicher Beträge.

---

[6] *Eck*, Jean-Pierre: Les euro-obligations à taux d'intérêt flottant, in: Les euro-obligations, eurobonds, I. Band einer Veröffentlichung des Instituts des Relations Internationales an der Universität Dijon, Paris 1972, S. 79 f.

Der Emittent, der wegen dringender Investitionen nicht auf billigeres Kapital warten kann, läßt sich auf eine derartige Formel um so lieber ein, als er auf diese Weise eine erhoffte spätere Entspannung ausnützen kann.

Der eigentliche Schutz besteht aber in der stets vorgesehenen Möglichkeit der vorzeitigen Tilgung. Bei der Pepsico-Anleihe ist sogar ein Höchstzinssatz von 13 % vorgesehen, was aber als Einzelfall anzusehen ist. Die vorzeitige Rückzahlungsmöglichkeit ist dann von Bedeutung, wenn sich dem Emittenten durch geänderte Zinsverhältnisse Möglichkeiten der billigeren Kapitalaufnahme eröffnen.

Für den Anleihenzeichner ist die Garantie eines Mindestzinses und vor allem die verhältnismäßig große Stabilität am Sekundärmarkt von Bedeutung. Das heißt, daß er jederzeit, wie aus der Aufstellung am Schluß hervorgeht, ohne bedeutenderen Kursverlust verkaufen kann.

Ausgeschlossen sind dafür aber auch Kursgewinne, wie sie beim Verkauf hochverzinslicher, gewöhnlicher Anleihen in einer Niedrigzinsperiode vorkommen.

3.2.5. Zusammenfassung

Anleihen mit veränderlichem Zinsfuß sind einer neuen Art von Indexkoppelung gleichzusetzen. In diesem Fall ist der Index aber nicht, wie schon bekannt, an die Preisentwicklung von Gütern und Leistungen, sondern die Veränderung nationaler oder internationaler monetärer Größen gebunden.

Bei der französischen G.I.S.-Anleihe und den beiden amerikanischen Bankanleihen bezog man sich auf die Entwicklung rein nationaler monetärer Größen (Taggeldsatz zwischen Banken bzw. Sätze für 3-Monats-US-Schatzscheine).

In beiden Fällen ist klar, daß die Banque de France wie die amerikanische Zentralnotenbank über Mittel verfügen, um die beiden zur Frage stehenden Sätze im Sinne ihrer Währungspolitik zu beeinflussen. Damit ist aber schon von vornherein das freie Spiel von Angebot und Nachfrage unterbunden.

Der LIBOR scheint im ersten Augenblick unabhängiger. Hierzu ist aber zu bemerken, daß sich alle währungspolitischen Entscheidungen der amerikanischen Regierung unmittelbar auf die Euromärkte auswirken[7]:

Je nach einer Politik teuren oder billigen Geldes und/oder Kapitals und entsprechend den gleichzeitigen Verhältnissen auf den Euromärk-

---

[7] Indexation of Finacial Assets-Addendum, Unveröffentlichte OECD-Studie, 1974-11-14.

ten werden die amerikanischen Gesellschaften mit ihrem Kapitalbedarf auf den gewünschten Markt geleitet und beeinflussen dementsprechend die dortigen Zinssätze. Auch hier sind deswegen keine freien, unpolitischen Marktverhältnisse gewährleistet.

Neben der Indexfrage ist bei diesen Anleihen noch die Umwandlung von kurz- in langfristiges Kapital von Bedeutung. Mit dieser Lösung beabsichtigt man, großen Investoren und Unternehmen in einer Zeit der allgemeinen Unsicherheit eine sehr liquide Anlage, deren Verzinsung noch dazu an die Entwicklung von Termingeldsätzen gebunden war, anzubieten.

Die ursprüngliche Hoffnung, durch eine Indexkoppelung sämtliche Schwankungen am Sekundärmarkt zu vermeiden, was für die jederzeitige, verlustlose Liquidierbarkeit von Bedeutung ist, ging nicht ganz in Erfüllung. Die beigefügte Tabelle zeigt aber, daß stärkere Kursausschläge wie im Falle der Maritimecor- und der Stet-Anleihe nur Einzelfälle waren. Die anderen Emissionen hielten sich in der gleichen Zeit tatsächlich weit besser als herkömmliche Anleihen. Für Banken des Garantiesyndikats dieser Anleihen war die Möglichkeit eines raschen Verkaufs und die Erzielung einer befriedigenden Kommission von Bedeutung.

Bei Roll-Over-Krediten ist man unter sonst ähnlichen Bedingungen in der Regel während der gesamten Laufzeit an den Kreditnehmer gebunden, trägt somit ein anderes Risiko und muß dieses Engagement auch voll in der Kreditposition ausweisen.

Die Erfahrung hat gezeigt, daß auf dem Sekundärmarkt auch tatsächlich, wie schon angedeutet, fast nur institutionelle Anleger verhältnismäßig kurz auftreten.

Die Vermischung von kurz- und langfristigen Finanzierungstechniken in Form dieser Anleihen ist eine Neuheit, die manche Fachleute durchaus in eine Reihe mit anderen „Erfindungen" wie der Einführung von Swap-Fazilitäten, auf europäische Rechnungseinheiten lautende Anleihen oder Sonderziehungsrechte stellen.

Sie sehen darin vor allem ein gelungenes Bindeglied zwischen dem kurzfristigen Eurogeld- und dem Eurokapitalmarkt.

Man sollte dabei aber nicht übersehen, daß diese Anleiheform nur aus der Not geboren ist, trotz schwieriger Kapitalmarktverhältnisse langfristige Mittel aufzunehmen.

In diesem Sinne hängt die Zukunft der Anleihen mit veränderlichem Zinsfluß vor allem von der Höhe der Geldentwertung, den Währungsverhältnissen und der Entwicklung des Eurokapitalmarktes ab.

3.2.6. Anhang

3.2.6.1. Vergleich der Daten einiger Anleihen mit veränderlichem Zinsfuß

Tabelle 6

	Enel[9]	Pepsico	Insilco	Gen. Cable	Argent.
Ausgabedatum	Mai 1970	Juni 1970	Juli 1970	Okt. 1970	Okt. 1970
Laufzeit	10	10	10	10	7
gar. Mindestverzinsung	$7^1/_2$	$6^1/_2$	$7^1/_2$	$7^1/_2$	$8^1/_4$
Marge[8]	$^3/_4$	$^3/_4$	1	1	$1^1/_2$
Kommission	$1^1/_2$	$1^1/_2$	$1^1/_2$	$2^1/_2$	$1^1/_2$
Tilgung ab	1971	1971	1971	1971	1971
vorzeitige Rückzahlung möglich ab	1972	1972	1971	1971	1971

	Vizcaya	Stet	Escom	Alusuisse
Ausgabedatum	Feb. 1973	Juni 1974	Juli 1974	Juli 1974
Laufzeit	5	10	8	10
gar. Mindestverzinsung	$5^1/_4$	8	$8^1/_2$	$8^1/_2$
Marge[8]	$^1/_4$	$^3/_4$	1	$^3/_4$
Kommission	$1^1/_4$	?	$1^5/_8$	$1^1/_4$
Tilgung ab	1978	1975	1975	1977
vorzeitige Rückzahlung möglich ab	1974	1977	[10]	1976

[8] *Libor* + Marge = zur Auszahlung kommender Zinssatz.

[9] Von der Republik Italien garantierte Anleihe. Die Zinsgarantie erstreckt sich aber nur bis zur Höhe von 13 %.

[10] 1980 und 1981 haben nur die Anleiheninhaber die Möglichkeit, von ihrer Rückzahlungsoption Gebrauch zu machen.

3.2.6.2. *Mittlere Kurse einiger Anleihen mit veränderlichem Zinsfuß*[11]

Tabelle 7

	1970	1971	1972	1973	1974	1975	1976
Enel	98 — 99 5/8	98 1/2— 99 3/8	99 7/8—102 1/2	100 1/4—102	100 —101 3/4	93 1/2— 98 1/2	93 1/2— 98 1/4
Pepsico[12]	98 1/4— 99 3/4	96 1/4— 99 1/2	98 3/4—100 3/4	100 —101 1/2	100 —101 1/4		
Insilco	98 1/4— 99 1/4	98 1/2— 99 3/4	99 7/8—101 1/4	100 —100 3/4	99 1/2—100 1/2	95 — 96 1/2	96 — 98 1/4
General Cable	98 —100	97 3/4—100	99 3/4—102 1/4	101 —103	100 3/4—102 1/2	98 —100 1/2	99 —101 1/4
Argentinien	97 3/4— 99 1/2	94 1/2— 98 1/2	94 3/4— 98	97 1/2— 99	99 —100	97 1/2—100 1/2	97 1/4—100
Panama[13]			98 3/4— 99 1/2	99 —100	99 1/2—100 1/2		
Maritimecor			98 — 99	93 — 98	91 — 93	kein Markt	kein Markt
Popular Espanol				98 — 98 3/4	98 1/2— 99 1/2	94 1/2— 96	94 1/2— 98 1/2
Vizcaya				98 1/2— 99 1/2	98 1/4— 99	94 — 96	94 1/2— 98 3/4
Stet					90 — 91	89 — 94	90 — 93 3/4
Escom					98 — 99 1/2	96 3/4— 98	92 1/2— 97
Swiss Aluminium					100 1/2—102	102—104 1/2	102 1/4—105 1/4

[11] Diese Anleihen werden im Telefonverkehr gehandelt. Einige wenige Kursangaben finden sich in Kidder, Peabody Securities Ltd's „The week in eurobonds", London.

[12] Am 28. 2. 1974 getilgt.

[13] Am 31. 5. 1974 getilgt.

3.2.6.3. Bezahlte Kupons dreier ausgewählter Anleihen

Tabelle 8

Enel		Argentinien		Vizcaya	
Mai 1970—Oktober 1970	$10^1/_8$	Oktober 1970—März 1971	$9^5/_8$	Februar 1973—Juli 1973	9
November 1970—April 1971	8	April 1971—September 1971	$8^1/_4$	August 1973—Jänner 1974	$11^7/_8$
Mai 1971—Oktober 1971	$8^1/_8$	Oktober 1971—März 1972	$8^1/_4$	Februar 1974—Juli 1974	$8^3/_4$
November 1971—April 1972	$7^7/_8$	April 1972—September 1972	$8^1/_4$	August 1974—Jänner 1975	$14^1/_2$
Mai 1972—Oktober 1972	$7^1/_2$	Oktober 1972—März 1973	$8^1/_4$	Februar 1975—Juli 1975	$8^1/_4$
November 1972—April 1973	$7^1/_2$	April 1973—September 1973	$10^1/_8$	August 1975—Jänner 1976	$8^7/_8$
Mai 1973—Oktober 1973	$9^5/_8$	Oktober 1973—März 1974	$10^1/_4$	Februar 1976—Juli 1976	$6^3/_8$
November 1973—April 1974	$11^3/_8$	April 1974—September 1974	13	August 1976—Jänner 1977	6
Mai 1974—Oktober 1974	$12^5/_8$	Oktober 1974—März 1975	$11^3/_4$		
November 1974—April 1975	$11^1/_2$	April 1975—September 1975	$9^3/_4$		
Mai 1975—Oktober 1975	$7^1/_2$	Oktober 1975—März 1976	9		
November 1975—April 1976	$7^1/_2$	April 1976—September 1976	$8^1/_4$		
Mai 1976—Oktober 1976	8	Oktober 1976—März 1977	$8^1/_4$		
November 1976—April 1977	$7^1/_2$	April 1977—September 1977	$8^1/_4$		
Mittlerer Zinssatz seit der ersten Kuponzahlung:					
	8,91		9,38		9,20

3.2.6.4. Zinsklausel der Pepsico-Anleihe 1970

The Notes will bear interest from June 19, 1970 and such interest will be payable on August 31 and February 28 (or February 29, in the case of a leap year) in each year ("Interest Payment Date") or in the event of either date not being a business day in London and New York City on the business day next preceding such date.

Except as noted below interest on the Notes shall be calculated by the Fiscal Agent (= Principal Paying Agent) semiannually at a rate per annum (the "Rate of Interest") which, subject to the provisions below, shall be 3/4 per cent above one-sixth (rounded upward to the nearest 1/8 per cent) of the total of the means between the respective bid and offered quotations to leading banks at the London Offices of Westminster Foreign Bank Ltd., Lloyds Bank Europe Ltd., Bankers Trust Company, The Chase Manhattan Bank N.A., First National City Bank and Morgan Guaranty Trust Company of New York for sixmonths Eurodollar deposits in London as of 11:00 A.M. (London Time) two business days prior to the commencement of the period for which such rate will apply („Interest Determination Date"). In no event shall the Rate of Interest be less than 6 1/2 per cent nor more than 13 per cent per annum not including any additional interest as referred to below.

As soon as practicable after 11 : 00 A. M. (London Time) on each Interest Determination Date the Fiscal Agent will, after consultation with each of the above-mentioned banks, establish the Rate of Interest applicable to the next sixth-month interest period. The Rate of Interest for the first interest payment due on August 28, 1970, shall be calculated in accordance with the term above, except that the quotations obtained by the Fiscal Agent will relate to bid and offered quotations to leading banks for Eurodollar deposits für 70 days.

If any one or more of the London Offices of the abovenamed banks shall be unable or otherwise fails to provide such bid and offered quotations on any Interest Determination Date, the Rate of Interest shall, subject to the provisions below, be determined on the basis of the bid and offered quotations of the remaining such banks. In such event the fraction one-sixth shall be increased to correspond with the number of the remaining banks.

In the event that five of the London Offices of the above-named banks are not quoting to leading banks bid and offered rates for six-months Eurodollar deposits on any Interest Determination Date, than the applicable Rate of Interest for the subsequent six-month period shall be 3/4 % over the best U.S.dollar six-month lending rate on such date to leading European banks as determined by the Fiscal Agent, or if such lending rate cannot be determined on such date, then the Rate of Interest in effect on said Interest Determination Date.

The Fiscal Agent shall cause each Rate of Interest to be published as soon as possible but not later than four business days after determination thereof in accordance with "Notices" below. Interest shall be calculated on the bank basis (namely, computed on the basis of the actual number of days elapsed divided by 360). The establishment of the Rate of Interest by the Fiscal Agent shall be final and binding by all parties.

3.3. Roll-Over Kredite

3.3.1. Einleitung

Die schon im vorigen Kapitel erwähnten Roll-Over Kredite sollen nun genauer behandelt werden. Sie sind zunächst von den Revolving-Krediten abzugrenzen, mit denen sie manchmal verwechselt werden.

Bei letzteren handelt es sich eigentlich um Kreditrahmen, innerhalb derer der Kreditnehmer zu festen Bedingungen seine Geschäfte abwickeln kann. Am bekanntesten ist hier vielleicht der Documentary-Revolving Kredit, der dem Kreditnehmer die Finanzierung nicht bloß eines bestimmten Akkreditivgeschäftes, sondern in einem festen Bedingungsrahmen innerhalb der festgesetzten Kreditdauer die Durchführung beliebiger Akkreditivgeschäfte bis zur vorgesehenen Höhe ermöglicht. Während also beim Revolving-Kredit zu unveränderlichen Bedingungen verschiedene Geschäfte möglich sind, können sich bei einem Roll-Over Kredit die Rückzahlungsbedingungen nach genau festgelegten Regeln ändern.

Von allen Formen der Indexkoppelung im Kreditwesen gewann zweifellos der Roll-Over Kredit die größte Bedeutung[14].

Das Entstehen des Roll-Over-Kredites, dessen Bedingungen zum ersten Mal 1966 von der First National Citybank und White, Weld & Co in London erarbeitet wurden[15], ist als Antwort auf eine aus den Fugen geratene Währungswelt zu sehen.

Zinssätze und Devisenkurse begannen in den sechziger Jahren bis dahin ungekannte Berg- und Talfahrten durchzumachen. Die Banken bekamen in Zinshaussephasen die langfristige Vergabe niedrigzinsiger Industriekredite empfindlich zu spüren.

---

[14] *Einzig*, Paul: Roll-Over Credits, London 1973, S. 2. *Smolarski*, Georges: Les euro-crédits à taux variable, Vortrag an der Universität von Zürich, 1975-10-15, S. 1.

[15] *Park*, Goon: Structure and function of the Eurocredit Market, in: Euromoney, London, April 1974, S. 73.

Der Ausweg wurde in der Vereinbarung solcher Kredite gefunden, bei denen der Zinssatz entsprechend der Entwicklung sich kurzfristig ändernder Größen laufend neu festgelegt wird. Der so entstandene Roll-Over Kredit wird heute in vielerlei Form vergeben. Im folgenden werden die wichtigsten Punkte genauer behandelt.

3.3.2. Abfassung von Roll-Over Kreditverträgen

Während für die Ausgabe von Anleihen mit veränderlichem Zinsfuß die Abfassung eines sehr detaillierten Emissionsprospektes unumgänglich ist, werden hingegen die meisten Roll-Over Kredite zwischen Bank und Kreditnehmer von der Öffentlichkeit unbemerkbar vereinbart.

Da derartige Kredite in keiner Bankbilanz von herkömmlichen Krediten unterschieden sind, läßt sich das Ausmaß der bestehenden Roll-Over-Kredite zahlenmäßig sehr schwer erfassen.

Handelt es sich aber um die Vergabe von Roll-Over Großkrediten, verfahren die Banken wie bei Anleihen:

Es kommt unter der Leitung der führenden Konsortialbank zur Bildung eines Konsortiums und eines Begebungssyndikats. In diesem Fall ist der veröffentlichte Kreditprospekt die sichtbare Spur eines Roll-Over Kredites.

Einfache, zwischen dem Kreditnehmer und -geber getroffene Roll-Over Kreditvereinbarungen geschehen meist in folgender Form:[16]

„Wir bestätigen Ihnen die Gewährung eines Kredites zur Importfinanzierung nach den im Kommuniqué Nr. 17 des Banco Central do Brasil festgesetzten Bedingungen:

Kreditbetrag: 1 000 000 DM

Laufzeit: 366 Tage

Zahlungsbedingungen: Auf Sicht bei Vorweisen von

- Kopie des Konnossements
- Kopie der Einfuhrbewilligung
- Kopie des Einfuhrzertifikates der Banco do Brasil
- Empfangsbestätigung

Zinssatz: LIBOR + 1,3 %

---

[16] Es handelt sich um die Übersetzung eines Telex, in dem eine französische Großbank einer brasilianischen Auslandstochter eines deutschen Chemiekonzerns die Bedingungen eines Roll-Over Kredites bestätigt.

Quellensteuer und alle anderen aus dieser Kreditvergabe erwachsenden Spesen gehen zu Lasten des Kreditnehmers.

Zinsen in einem Mal nach der oben vereinbarten Laufzeit auf unser Rückzahlung: der eingeräumte Kredit ist uns samt den vereinbarten Konto in Brüssel No ... zu überweisen."

Dies ist die wohl kürzeste Form, in der ein Roll-Over Kredit vereinbart wird; so kann nur dann verfahren werden, wenn sich die beiden Vertragspartner gut kennen und die Höhe des Kredits bescheiden ist. Manche Banken wickeln jährlich mit ihren Großkunden hunderte von derartigen Krediten ab.

Die wichtigsten Bestandteile dieses Vertrags sind Höhe, Dauer und Zinssatz. Dieser setzt sich aus dem LIBOR (London interbank offered rate for eurodollar deposits) und der Zusatzspanne zusammen. Oft wird auch festgelegt, in welcher Weise dem Schuldner die Mittel zur Verfügung gestellt werden.

Auch wenn er den Kredit nicht auf einmal über die gesamte Laufzeit beansprucht, werden die Zinsen meistens trotzdem so berechnet, als sei der Kredit tatsächlich während der gesamten Laufzeit zu 100 % in Anspruch genommen worden.

Handelt es sich aber um bedeutendere Beträge (als solche sind Kredite ab etwa 2—4 Mill. US-$ anzusehen), versucht die kreditgewährende Bank ihr Risiko mit ein oder zwei anderen Banken zu teilen. Durch Fernschreiben werden ihnen die Bedingungen mitgeteilt.

Hierbei handelt es sich noch immer um eine recht einfache Art der Kreditvergabe, deren verwaltungsmäßiger Aufwand gering ist. Kredite ab etwa 20—25 Mill. US-$ werden in der schon angedeuteten Syndikatsform vergeben, worauf später noch genauer eingegangen wird.

Der im Jahr 1974 größte an eine private Gesellschaft vergebene Roll-Over Kredit betrug 400 Mill. Dollar. Der bislang bedeutendste Kredit dieser Art wurde zu Beginn 1974 vom britischen Schatzamt in der Höhe von 2,5 Milliarden Dollar aufgenommen[17].

Grundsätzlich sind bei dieser verwaltungstechnisch sehr aufwendigen, kostspieligen und langwierigen Form mehrere Spielarten möglich:

1. Der „klassische" Roll-Over Kredit wird zwischen der führenden Konsortialbank (dem Konsortium) einerseits und dem Kreditnehmer andererseits ausgehandelt. Das Ergebnis ist die Einräumung der vereinbarten Kreditlinie durch die führende Konsortialbank.

---

[17] N. N.: Les crédits rotatifs, in: Bulletin Nr. 38 der Kredietbank, Brüssel 1975-10-10, S. 1.

2. Der Kreditnehmer kann aber auch selbst Schuldverschreibungen ausgeben und diese an ein Konsortium verkaufen. Das Bankkonsortium übernimmt in diesem Fall den Weiterverkauf an andere Kreditinstitute.

3. Eine dritte Möglichkeit ist der Vertragsabschluß des Kreditnehmers mit vielen Banken gleichzeitig. In diesem Fall werden die Kreditbedingungen (bei der Ausarbeitung steht meist jene Bank beratend zur Seite, die auch, ohne daß der Kreditnehmer zur Befolgung verpflichtet wäre, eine Gruppe kreditbereiter Kreditinstitute vorschlägt) gleichzeitig an eine größere Anzahl (50—100) von Banken verschickt.

   Jene Banken, die bedeutendere Tranchen abnehmen, erhalten oft ein Mitspracherecht bei der Erstellung der Vertragsbedingungen. Handelt es sich aber bei dem Kreditnehmer um eine zweite Adresse, muß in der Regel allen Banken die Einflußnahme gewährt werden. Begreiflicherweise ist es in diesem Fall äußerst langwierig, alle Einwände und Abänderungswünsche unter einen Hut zu bringen und zu guter Letzt allen betroffenen Kreditinstituten die neu bearbeiteten Kreditbedingungen zuzuschicken.

Viele Roll-Over Kredite werden durch wenige, auf diesem Gebiet spezialisierte Broker abgeschlossen. Dies ist besonders in Zeiten allgemeiner Geld- und Kapitalknappheit der Fall:

Die Banken überlassen es den Brokern, Kreditinstitute zu finden, die selbst dann noch Mittel zur Verfügung stellen, und umgehen damit das Risiko einer Verweigerung.

Ähnlich wie bei Euroanleihen wird auch bei der erfolgreichen Unterbringung eines in Syndikatsform begebenen Roll-Over Kredits in den Finanzzeitschriften eine Begebungsanzeige veröffentlicht.

Banken nehmen an diesen Operationen meistens auf der Grundlage der Gegenseitigkeit teil. Sie nehmen eine ihnen vorgeschlagene Tranche oft auch dann ab, wenn sie sich einen besseren Kreditnehmer vorstellen könnten, da sie sich später in einer ähnlichen Lage ihrerseits von dem betreffenden Institut Unterstützung erhoffen.

Viele Banken sind für die Rolle der führenden Konsortialbank oder eines Konsortialmitglieds zu klein. Häufig genug sind sie auch nicht einmal in diesen Geschäften spezialisiert. Ihr Grund, bei einem derartigen Geschäft mitzumachen, ist dann manchmal gar nicht die Aussicht auf eine besondere einträgliche Operation, sondern die Tatsache, mit einigen allerersten Bankadressen in einem Atemzug genannt zu werden.

3.3.3. Vertragsbedingungen

Man kann ohne Übertreibung behaupten, daß kein Roll-Over Kreditvertrag dem anderen gleicht. Durch die bestehende Vertragsfreiheit im englischen und französischen Handelsrecht kann es auch in den wichtigsten Vertragspunkten zu ganz erheblichen Abweichungen kommen. Das hat mehrere Gründe:

Derartige Kreditverträge werden erst seit den sechziger Jahren abgeschlossen. Diese kurze Zeitspanne genügte nicht zur Ausarbeitung einheitlicher Richtlinien. Außerdem nehmen bei internationalen Großkrediten Banken aus der ganzen Welt teil.

Wie schwierig es dabei ist, etwa angloamerikanische, deutsche, französische und japanische handelsrechtliche Vorstellungen miteinander zu vereinbaren, kann man sich vorstellen.

Der wohl wichtigste Grund liegt aber im Kapitalmarkt selbst. Je nachdem, ob es sich um Zeiten des Kapitalmangels oder -überflusses handelt, wird der Kreditvertrag gestaltet:

Bei Kapitalüberfluß sind die Banken gezwungen, auf die Vorstellungen der Kreditnehmer einzugehen, während sie hingegen bei Knappheit ihre Bedingungen diktieren können.

Aus allen diesen Gründen ist es überhaupt fraglich, ob es jemals zu einheitlichen Roll-Over Kreditverträgen kommen wird.

Ein von einem Konsortium ausgearbeiteter Kreditvertrag behandelt genau die folgenden Punkte und übertrifft damit in seinem Umfang ganz wesentlich die schon erwähnten, informellen, bloß zwischen zwei Vertragspartnern geschlossenen Vereinbarungen[18].

1. Kreditbetrag
2. Rückzahlungsfristen bei Rückzahlung in Raten: sonst Laufzeit
3. Tilgungsklauseln
4. Basiszinssatz
5. Marge
6. Kommissionen
7. Kreditwährung
8. Zinstage
9. Vorzeitige Tilgungsoption
10. Währungsoptionen
11. Garantien

---

[18] *Einzig*, Paul: S. 30.

12. Zinsänderungsklausel
13. Aufgaben der führenden Konsortialbank und des Konsortiums
14. Aufgaben und Bestimmung des Principal Paying Agent
15. Aufgaben und Festlegung der Referenzbanken
16. Art der Zinszahlung
17. Feststellung, wer welche Steuern zu zahlen hat
18. „Escapeklausel"
19. Maßnahmen bei Ausbleiben der Zinszahlungen
20. Bestimmung der Rechtszuständigkeit
21. Höhe der im Streitfall zu erlegenden Kautionen
22. Festlegung der vom Kreditnehmer mitzuteilenden Angaben
23. Stückelung

Als Basiszinssatz dient oft der schon erwähnte LIBOR. Das ist der in London festgesetzte Satz für 6-Monats-Eurodollaranleihen. Wie bei den Anleihen mit unveränderlichem Zinsfuß ist das die weitverbreitetste, nicht aber die ausschließlich angewandte Zinsformel. Auch 6-Monatssätze für andere Eurowährungen wie DM, Schweizer Franken und holländische Gulden werden als Basissatz herangezogen.

Der vermutlich wichtigste Vertragspunkt ist die Feststellung der Marge. Während der Basissatz entssprechend den Eurokapitalmarktverhältnissen Änderungen unterworfen ist, wird die Marge einmal für die gesamte Laufzeit verbindlich festgestellt. Ihre Höhe hängt aber von einer ganzen Reihe verschiedener Einflüsse ab. Sie enthält vor allem die Gewinnspanne; diese kann sich noch erhöhen, wenn es der kreditgewährenden Bank gelingt, sich auf Grund fallender Eurosätze zu günstigen Bedingungen zu refinanzieren.

Arbeitet die Bank aber mit Fremdmitteln und ist sie gezwungen, sich bei steigenden Eurosätzen zu refinanzieren, können ihr empfindliche Verluste erwachsen, die von der Marge nicht mehr gedeckt werden. Daneben finden aber noch andere Größen in der Marge Eingang. Deren wichtigste sind

— mittel- und langfristiges Zinsniveau
— Lage des Geld- und Kapitalmarktes
— Einschätzung der zukünftigen Zins- und Währungsentwicklung
— Möglichkeiten der Einflußnahme des Kreditnehmers auf den Kapitalmarkt
— Kreditrisiko des Schuldners

— Bedeutung seiner übrigen Verbindlichkeiten

— Devisenkontrollbestimmungen bzw. Möglichkeiten staatlicher Einflußnahme auf den Devisentransfer[19].

Diese Aufstellung läßt erkennen, daß die Marge nicht bloß von der Kreditwürdigkeit des Schuldners abhängt, sondern sich außerdem noch an einer Reihe anderer Größen und Einflußfaktoren orientiert.

Zu Beginn der siebziger Jahre wurde von manchen lateinamerikanischen und afrikanischen Ländern eine Marge von bis zu 3 % verlangt. Drei Jahre später wurden von kommunistischen Ländern $^{3}/_{4}$ % verlangt, und 1974 hatte ein erster Schuldner (Electricité de France) für einen 500 000 $ Kredit für die beiden ersten Jahre eine Marge von $^{3}/_{8}$ %, die drei nächsten Jahre $^{1}/_{2}$ % und die fünf letzten Jahre $^{5}/_{8}$ % zu bezahlen.

Schon 1972 wurden die Spannen so eng (man muß sich immer vor Augen halten, daß von der Spanne noch den anderen Banken eine Plazierungskommission zuzugestehen ist), daß von einer ausreichenden Abgeltung des Verwaltungsaufwandes, der Risikoprämie und eines Gewinnes oft keine Rede mehr sein konnte.

Aus zwei Gründen wurden aber trotzdem derartige, oft nicht einmal mehr kostendeckende Geschäfte abgeschlossen:

Zunächst spielten beim Abschluß von Roll-Over Krediten und den damit verbundenen Veröffentlichungen in der Finanzpresse Prestigeüberlegungen keine geringe Rolle. Als dann zu Beginn der siebziger Jahre die Spannen immer enger wurden, scheuten sich viele Banken, aus dem Markt auszusteigen und damit eine Schwäche zuzugeben.

Außerdem hofften sie, daß der Abschluß derartiger Kredite zu weiteren Bankgeschäften mit dem Kreditnehmer führt.

Dieser Lizitationspolitik bereitete die Eurokapitalkrise 1974 ein Ende. Waren vorher etwa 100 Banken im Eurokredit- und Euro-Roll-Over-Kreditgeschäft tätig, verblieben nachher nur etwa 40 Institute, die etwa 80—85 % dieser Geschäfte abwickeln.

Im Kreditvertrag ist auch die Höhe der Plazierungskommission sowie jener Satz festgehalten, den der Ausleiher für den unausgenutzten Kreditbetrag zahlen muß (commitment fee).

Die Währung, in der der Kredit gewährt und getilgt wird, steht meistens fest. In einigen Verträgen hat aber der Kreditnehmer das Recht, seine Rückzahlungen in einer Währung oder Rechnungseinheit seiner Wahl zu tätigen. Besteht eine derartige Option, so wird genauestens

[19] *Einzig*, Paul: S. 49.

festgelegt, wieviel Tage vor der Rückzahlung der Kreditnehmer seine Wahl mitteilen muß und unter welchen Umständen die Banken diese Wahl gegebenenfalls ablehnen können.

Die vorzeitige Tilgung wird häufig vereinbart. In diesem Fall ist die Einhaltung einer Kündigungsfrist und oft auch die Festsetzung eines vom Aufkündiger zu leistenden Malus vorgesehen. In der Regel können Banken niemals ihre gewährten Kredite vorzeitig aufkündigen.

Ausnahmen gibt es aber auch hier. In Verträgen kann eine derartige Aufkündigung bei höherer Gewalt und bei Vorliegen außergewöhnlicher Umstände (etwa wissentliches Verschweigen wesentlicher Geschäftsangaben des Schuldners) vorgesehen sein. Ein Fall höherer Gewalt wäre beispielsweise eine einschneidende Änderung der bestehenden Devisenkontrollen oder des Steuersystems in den betroffenen Ländern.

In jedem Vertrag ist die Rechtsordnung jenes Landes ausdrücklich festgehalten, nach dessen Regeln sich das Kreditgeschäft abzuspielen hat. Es ist meistens die Rechtsordnung jenes Landes, in der die federführende Konsortialbankbank ihren Sitz hat.

Die Stückelung ist ein verhältnismäßig wichtiger Vertragspunkt. Will man kleinen Banken die Teilnahme erleichtern, so kann die Mindesttranche mit 1000 US-$ festgelegt werden. Um die Zahl der Syndikatsbanken und damit auch den Verwaltungsaufwand einzuschränken und vor allem die Abwicklung zu beschleunigen, kann die Grenze aber auch bei 500 000 000 US-$ liegen.

Die Aufgaben der führenden Konsortialbank, der Referenzbanken und des Principal Paying Agent bei einem Roll-Over Kredit gleichen denen, die diese Institute bei einer Anleihe mit veränderlichem Zinsfuß haben.

Die führende Konsortialbank übernimmt die Aufstellung von Konsortium und Begebungssyndikat. Referenzbanken (Rate Setting Banks) werden jene Banken genannt, deren in London gehandelte $-Terminsätze zur Berechnung des LIBOR herangezogen werden. Es handelt sich auch hier wieder zumeist um jene Banken oder deren Filialen, die das Konsortium bilden.

Durch Vertragsabschluß ist der Principal Paying Agent dem Emittenten zur ordnungsgemäßen Kuponzahlung und Tilgung verpflichtet, die er für Rechnung des Kreditnehmers durchführt.

Können die Referenzbanken keinen $-Satz anzeigen, so ist dann auch bei Roll-Over Krediten der Rückgriff auf den höchsten Satz vorgesehen, zu dem eine amerikanische an eine europäische Bank Dollars auf 6 Monate vergibt. Diese sehr wichtige Aufgabe fällt dem Principal Paying Agent zu.

Die Rolle des Principal Paying Agent wird oft von einer Tochter der federführenden Konsortialbank oder manchmal sogar vom Konsortialführer selbst übernommen.

Dies ist beispielsweise bei den schon erwähnten 500 000 000 US-$ Roll-Over Kredit der Fall, der 1974 den staatlichen französischen Elektrizitätswerken eingeräumt wurde. Der Crédit Lyonnais übernahm damals als Konsortialführer auch die Aufgaben des Principal Paying Agent. Das Konsortium wurde von der Banque Nationale de Paris, Morgan Guaranty Trust Company of New York, Société Generale, Banco di Roma, Bank of America N.T.S.A., Commerzbank A.G. und der Union des Banques Arabes et Francaises (U.B.A.F.) gebildet.

Gerade dieses Konsortium läßt die bei diesen Geschäften beobachtbare Gruppenbildung klar erkennen.

Bei der Aufnahme eines Kredits dieser Bedeutung von der staatlichen französischen Elektrizitätsgesellschaft (E.D.F.) stand von vornherein fest, daß nur eine der drei französischen Staatsbanken Konsortialführer werden konnte.

Der Crédit Lyonnais konnte sich damals durch das günstigste Bedingungsangebot diese Rolle sichern. Die Banque Nationale de Paris und die Société Generale mußten aber aus Prestigegründen zumindest im Konsortium aufscheinen. Mit den anderen Konsortialbanken steht Crédit Lyonnais aber in engster Verbindung:

Commerzbank und Banco di Roma sind die anderen Mitglieder der „Europartner"-Vereinigung; Banco Americo-Hispano war damals noch nicht Mitglied. An der UBAF hält der Crédit Lyonnais eine 28,98 %-Beteiligung.

Mit den beiden amerikanischen Banken ist der Crédit Lyonnais schon seit Jahren auf Grund der erwähnten Gegenseitigkeit verbunden.

Als Referenzbanken scheinen Crédit Lyonnais, Credit Suisse, Morgan Guaranty Trust Company of New York und International Westminster Bank auf.

3.3.4. Die Zinssatzberechnung

Der Wunsch, geänderten Kapitalmarktverhältnissen durch Zinsänderungen gerecht zu werden, bestand schon lange vor Einführung der Roll-Over Kredite. In diesem Zusammenhang sei nur an die Indexanleihen erinnert.

Was bei Anleihen aber schon unmittelbar nach dem zweiten Weltkrieg möglich war, erschien bei Krediten lange Zeit undenkbar. Der erste Versuch, Kreditzinssätze der Geldentwertung bzw. der Kapitalmarktentwicklung anzupassen, bestand darin, im Kreditvertrag von vornherein steigende Sätze festzulegen. Dies wurde aber damals im allgemeinen mit dem Hinweis verteidigt, daß das Risiko bei langfristigen größer als bei kurzfristigen Krediten sei. Die bei Roll-Over Krediten angewandte Zinsformel ist hier ganz entschieden anpassungsfähiger.

Ist im ersten Fall eine Zinsänderung nur ein oder zweimal in der Laufzeit vorgesehen, geschieht dies bei Roll-Over Krediten meistens zwei-, manchmal sogar bis viermal jährlich. Noch wichtiger ist aber die Tatsache, daß im vorhinein festgesetzte Änderungen zum Zeitpunkt ihres Inkrafttretens dann wohl kaum auch den geänderten Zins- und Kapitalmarktverhältnissen gerecht werden.

Der bei Roll-Over Krediten entscheidende Tag ist meistens der, der zwei Arbeitstage vor dem Zinszahlungstag liegt. Der Principal Paying Agent fragt dann die Referenzbanken, welchen LIBOR sie von ersten Adressen in London um 11.00 für 6-Monats-$-Depôts verlangen.

Es ist recht aufschlußreich zu wissen, daß in keinem Kreditvertrag die Höhe des Depôts bestimmt wird. Danach errechnet der Agent das arithmetische Mittel der mitgeteilten Sätze, zählt die vereinbarte Marge hinzu und rundet den Satz auf ganze $^1/_8$ oder in letzter Zeit häufiger $^1/_{16}$ % auf.

Spätestens 5 Tage nach der Zinssatzerrechnung hat der Principal Paying Agent den Satz in einer vertraglich festgelegten Finanzzeitschrift zu veröffentlichen. Jeder Einspruch gegen die Höhe dieses Zinssatzes ist ausgeschlossen.

Der veröffentlichte Satz gilt nun für die kommende Zinsperiode von drei oder sechs Monaten. Die Gläubiger erhalten damit zu Ende jeder Zinsperiode, was schon zu ihrem Anfang errechnet wurde.

Außer auf die schon zur gleichen Frage bei den Anleihen mit veränderlichem Zinsfuß hingewiesenen Schwächen bei der Ermittlung des Zinssatzes sei noch auf folgenden Punkt hingewiesen.

Wie vertraglich bestimmt, ist jeder Einspruch gegen die Entscheidungen des Principal Paying Agent ausgeschlossen. Der Fall, daß sämtliche Referenzbanken ausfallen und er den LIBOR vollkommen selbständig festlegt, ist in der Wirklichkeit, denkt man nicht gerade an Katastrophen im Ausmaße eines Weltkrieges, eigentlich auszuschließen.

An den engsten Beziehungen zwischen dem Agent und den Referenzbanken ist aber nicht zu zweifeln. Der Kreditschuldner, dem jeder Einspruch gegen die Entscheidung des Agent verwehrt bleibt, kann letztlich nur hoffen, daß die Referenzbanken dem Agent auch tatsächlich den jeweils am Markt üblichen LIBOR nennen.

Um außergewöhnlichen Marktbewegungen auszuweichen ist manchmal vorgesehen, daß der Agent seine Berechnungen auf das LIBOR-Mittel an mehreren Tagen stützen muß.

An den Verträgen scheint des weiteren stets eine Schutzklausel für die kreditgewährenden Institute auf, die eine Mindestverzinsung garantiert. Mitte 1976 beträgt diese Garantieverzinsung rund 7—7½ %.

3.3.5. Rückzahlungsbedingungen, Währungsoptionen und Laufzeit

Wie schon erwähnt, kann der Kredit auf einmal oder in mehreren Raten zurückgezahlt werden. Häufig kann es auch sein, daß der Gläubiger zwischen der einen oder anderen Art frei wählen darf.

Die vorzeitige Rückzahlung durch den Gläubiger nach einer Mindestlaufzeit ist nach einer Kündigungsfrist, die in der Regel 30 Tage beträgt, durch freien Rückkauf stets vorgesehen. Dadurch ist es ihm in Zeiten steigender Zinssätze möglich, sich seiner Verpflichtungen zu entledigen.

Das geschieht meistens, weil die gestiegenen Kreditkosten die Finanzkraft des Schuldners übersteigen oder weil er andere, billigere Kapitalquellen gefunden hat.

Fallende Zinssätze kommen ihm dagegen voll zugute, da die Gläubigerinstitute aus diesem Grund niemals eine vorzeitige Rückzahlung verlangen können.

Manchmal kann es für den Kreditnehmer auch in diesem Fall von Vorteil sein, sich seiner Schuld zu entledigen. Das ist dann möglich, wenn neben den sinkenden Zinssätzen auch Kapitalüberfluß herrscht. Dem Schuldner werden dann möglicherweise von anderer Seite überhaupt günstigere Kreditbedingungen angeboten.

Wie schon erwähnt, haben die kreditgewährenden Institute nur ausnahmsweise das Recht auf vorzeitige Rückzahlung. Im einzelnen ist das aus folgenden Gründen möglich:

(die folgende Aufstellung stammt aus einem Vertrag, bei dem sich der Schuldner in allen Punkten den Bedingungen der Kreditinstitute beugen mußte)

— die Nichtbeachtung eines Zins- oder Tilgungstermins übersteigt 30 Tage;

— die Nichtbeachtung jeder anderen im Roll-Over Kreditvertrag vereinbarten Bestimmung übersteigt 90 Tage;

— Nichteinhaltung der vorgesehenen Zinszahlungen oder Tilgung jedes anderen von dem Schuldner garantierten Kredites;
— Nichteinhaltung jeder anderen vom Schuldner eingegangenen finanziellen Verpflichtung (hier ist insbesondere an Obligationen gedacht);
— Einstellung der Geschäftstätigkeit des Schuldners; ausgenommen ist hier der Fall einer Fusion oder Absorption, bei dem sich die neue Gesellschaft ausdrücklich zur Übernahme sämtlicher Verpflichtungen des nunmehrigen Altschuldners bereit erklärt;
— Zahlungseinstellung, Konkurs oder gerichtlicher Auflösungsbeschluß.

In diesem Zusammenhang verdient die besonders in französischen Roll-Over Kreditverträgen aufscheinende „Pari-Passu"-Klausel Erwähnung. Mit Annahme dieser Klausel verpflichtet sich der Kreditschuldner bis zum Zeitpunkt der vollkommenen Rückzahlung des Roll-Over Kredites keinem anderen seiner Gläubiger eine Hypothek auf seinen Immobilienbesitz einzuräumen oder eine Verpfändung seines Anlage- und/oder Betriebsvermögens zu gestatten, ohne auch den Roll-Over kreditgewährenden Instituten vollkommen gleichrangige Rechte oder Garantien zu gewähren.

Obwohl die häufigste Roll-Over Kreditwährung der US-$ ist, werden derartige Kredite oft auch in anderen Währungen abgewickelt. In einigen Verträgen wird es dem Schuldner freigestellt, unter mehreren zur Auswahl gestellten Währungen oder Rechnungseinheiten zu wählen.

Gewöhnlich enthalten die Verträge aber auch Klauseln, die die Bedingungen aufzählen, bei deren Vorliegen die Banken eine Währungswahl verweigern können. Es handelt sich dabei meistens um Änderungen bestehender Devisenkontrollbestimmungen, die den Erwerb einer Devise erheblich verteuern oder unmöglich machen.

Die Rückzahlung des Kredits und der Zinsen hat stets in jener Währung oder Rechnungseinheit zu geschehen, in der der Kredit aufgenommen wurde[20].

Es ist verständlich, daß der Schuldner seine Verpflichtung vor allem in einer solchen Währung eingehen will, bei der er sich eine Abwertung im Vergleich zu den anderen Währungen erwartet. Klar wird das, wenn beispielsweise ein deutscher Schuldner einen Euro-Lire-Kredit aufnehmen will.

Ist der Kreditbetrag in US-Dollar festgelegt und der Kreditnehmer macht von seiner Währungsoption Gebrauch, so ist das auf der Grund-

[20] N. N.: Les crédits rotatifs, S. 2.

lage jenes Wechselkurses möglich, den der Internationale Währungsfonds zwei Tage vor der Kreditzuteilung veröffentlicht. Sollte der Internationale Währungsfonds an diesem Tag in der gewünschten Währung gerade keinen Dollarkurs veröffentlicht haben, ist der entsprechende am Londoner Devisenmarkt festgelegte Kaufkurs für den US-Dollar als Umrechnungsgrundlage heranzuziehen.

Die vertraglich vereinbarte Laufzeit dieser Kredite ist erheblichen Schwankungen unterworfen. Als es in den sechzigere Jahren noch an Erfahrungen mangelte, war in der Regel eine Laufzeit von 3 bis 5 Jahren vorgesehen.

Zu Beginn dere siebziger Jahre verlängerten sich die Laufzeiten auf durchschnittlich 7 bis 10 Jahre. Der Höhepunkt wurde schließlich 1972 erreicht, als es dem brasilianischen Staat gelang, für einen von ihm aufgenommenen Roll-Over Kredit eine Laufzeit von 12 Jahren zu vereinbaren.

Nach der Eurokapitalmarktkrise von 1974 und auch unter dem Eindruck des Falles der Herstattbank schrumpften die Laufzeiten wieder und erstreckten sich 1976 bei Konsortialkrediten über 5 bis 8 Jahre. Unter anderem durch diese Verkürzung wird der angestiegenen Verschuldung der Kreditnehmer sowie der wachsenden Schwierigkeit, langfristige wirtschaftliche Voraussagen zu treffen, Rechnung getragen.

3.3.6. Kreditvergaberisiken

Bietet ein Roll-Over Kredit dem Kreditnehmer manche Vorteile, so darf man, wie schon mehrfach angedeutet, nicht aus dem Auge verlieren, daß die Vergabe derartiger Kredite für Banken sicher risikoreicher als herkömmliche Kreditgeschäfte ist. Deswegen soll hier von einigen dieser Risiken gesprochen werden[21].

— Liquiditätsrisiko des internationalen Geld- und Kapitalmarktes

— Solvabilitätsrisiko der Banken

— Währungsschwankungs- und Rentabilitätsrisiko

— Devisenkontrollrisiko

— kommerzielles Risiko

Kreditgewährende Banken finanzieren ihre gewählten Roll-Over Kredite häufig alle 3 oder 6 Monate von neuem am Eurokapitalmarkt. Sie tragen damit das Transformationsrisiko, das im wesentlichen von der Beschaffenheit dieses Marktes abhängt.

Das Schlimmste wäre für die Banken daher ein Versiegen der Eurokapitalmarktquelle.

---

[21] *Smolarski*, Georges: S. 3.

Denkmöglich wäre ein derartiger Fall, wenn Dollarbesitzer sich weigern, außerhalb der Vereinigten Staaten ihre Dollars anzulegen. Ein europäischer Bankkrach oder der politische Boykott Europas durch einflußreiche Finanz- und Wirtschaftsgruppen könnten die Ursache sein. Daß dieser Fall nicht vollkommen theoretisch ist, soll mit dem Hinweis erhärtet werden, daß im Oktober 1975 die Summe aller kurzfristig am Euromarkt veranlagten OPEC-Kapitalien 110 Milliarden $ beträgt. Daß sich diese Beträge in verhältnismäßig wenigen Händen befinden, trägt sicherlich nicht zur Stabilität des Eurokapitalmarktes bei.

Die einzelne Bank ist vom Solvabilitätsrisiko in dem Maß betroffen, in dem sie nicht über Kundeneinlagen verfügt, also selbst nicht genügend liquid ist, um ihre Kredite zu finanzieren. Sie ist gezwungen, sich die dazu notwendigen Mittel am Kapitalmarkt zu beschaffen.

Je mehr Kreditverpflichtungen die Bank nun eingeht, desto teurer werden die aufgenommenen Mittel. Durch die ungenügende Eigenliquidität kann es deswegen zu ernsten Rentabilitätsschwierigkeiten kommen. Es ist sogar möglich, daß ein Institut seine Möglichkeiten überschätzt und ihm die notwendigen Mittel vom Kapitalmarkt verweigert werden. Dieses Schicksal kann einer Bank aber auch dann widerfahren, wenn sich die politische Lage des entsprechenden Landes schlagartig verschlechtert.

Auf das durch Währungsschwankungen verursachte Rentabilitätsrisiko wurde schon hingewiesen. Durch Veranschlagen einer (zu) niedrigen Marge, selbst unter der Voraussetzung stabiler Wechselkurse, gehen Banken oft ganz bewußt das Risiko des Abschlusses eines letzten Endes verlustbringenden Kreditgeschäftes ein.

Die Erfahrung zeigt im übrigen, daß die in einem derartigen Fall genährte Hoffnung auf das Zustandekommen gewinnbringender Anschlußgeschäfte oft getäuscht wurde.

Unter dem Devisenkontrollrisiko versteht man jene Verlustmöglichkeiten, die Banken vor allem durch die Unterbindung des freien Kapitalverkehrs erleiden. Derartige Bestimmungen können von den nationalen Währungsbehörden zur Einflußnahme auf folgende Größen oder Erscheinungen erlassen werden[22]:

— die Kursentwicklung der nationalen Währung auf den ausländischen Devisenbörsen

— die Höhe der Devisenverschuldung heimischer Unternehmen

— Kampf gegen die Geldentwertung

[22] N.N.: Israels System der Indexierung, in: Neue Zürcher Zeitung, Zürich, 1974-10-09, S. 5.

Unter dem kommerziellen Risiko ist jenes Wagnis zu verstehen, das auch bei der Vergabe herkömmlicher Kredite besteht. Wie in einer Tabelle aber noch gezeigt wird, werden die meisten Roll-Over Kredite an Entwicklungsländer vergeben.

Aus Wettbewerbsgründen räumen internationale Großbanken Kreditlinien ein, die oft schon an der Grenze der Finanzkraft des Schuldnerlandes liegen.

Deswegen sind Moratorien in diesem Zusammenhang keine Seltenheit mehr[23], [24].

3.3.7. Schwierigkeiten und Aussichten

Keine neu eingeführte Finanzierungsart ist von Haus aus vollkommen und Roll-Over Kredite bilden hier keine Ausnahme. Auf die eingangs hingewiesene Tatsache, daß in 10 Jahren noch kein allgemein verbindlicher Rechtsrahmen für derartige Kredite gefunden wurde, sei hier nochmals verwiesen.

Die vielen auf Roll-Over Kredite wirkenden Einflüsse erschweren die Schaffung einheitlicher Verträge in bedeutendem Maß.

Nicht ganz so schwierig gestaltet sich hingegen die Frage der Mobilisierung. Bei unbedeutenden Krediten, die von einer einzigen Bank gewährt wurden, ist derartiges selbstverständlich ausgeschlossen. Bei Großkrediten ab etwa 50—100 Mill. $ kann es aber zur Ausgabe sogenannter Teilnahmescheine (Partizipationcertificates) durch die führende Konsortialbank kommen[25].

Diese Möglichkeit muß aber im Kreditvertrag vorgesehen sein. Nach den Untersuchungen von Einzig konnte sich für manche dieser Kreditteilnahmsscheine im Telefonverkehr ein regelrechter Sekundärmarkt entwickeln.

Je höher der Betrag ist, auf den dieser Schein lautet, desto leichter ist eine Kursbildung. Im Einzelfall kommt es in Luxemburg sogar zu Börsenkotierungen. Schritte in dieser Richtung werden aber begreiflicherweise nur zögernd unternommen. Zu leicht geraten Banken, die sich von eingegangenen Kreditengagements trennen wollen, in den Ruf, in einer Liquiditätskrise zu stecken[26].

Eine aufschlußreiche Untersuchung der Weltbank erfaßte zahlenmäßig einen Umstand, der den Betroffenen bis dahin nur wenig bewußt

---

[23] *Smolarski,* Georges: S. 3—6.

[24] N. N.: Should the Paris Club reschedule rollover Eurocredits, in: Euromoney, London, März 1974, S. 34.

[25] *Blondeel,* Jean: S. 1156.

[26] *Einzig,* Paul: S. 65.

war. Eine Aufschlüsselung nach den Roll-Over-Kreditnehmern brachte folgendes Bild zustande:

Tabelle 9

Veröffentlichte Roll-Over Kredite[27] (in Millionen $)[28]

Kreditnehmer	1970	1971	1972	1973	1974	1975 (erstes Halbjahr)
Industriestaat	4 226	2 536	3 597	11 125	16 915	1 916
Entwicklungsland	446	1 361	2 764	9 117	9 605	4 541
Kommunistische Länder	48	66	499	771	1 006	849
Andere	?	?	?	1 011	1 097	508
Summe	4 720	3 963	6 860	22 024	28 623	7 814

Unter Andere fallen internationale Organisationen und Kreditnehmer, die nicht einer einzigen Gruppe zugeordnet werden können.

1970 wurden 90 % aller Kredite an westliche Industrieländer vergeben. Die USA und Italien waren damals mit 39 bzw. 29 % des Gesamtbetrages die Hauptschuldner.

Seit 1971 ist aber der Anteil der Entwicklungsländer überdurchschnittlich gewachsen. Vor allem die Nicht-Erdölproduzenten machten von dieser Kreditform Gebrauch. Ihr Anteil stieg zwischen 1970 und 1975 von 6,4 auf 43,3 %.

Als die Industriestaaten 1974 unter stark erhöhten Erdölpreisen zu leiden hatten, verfielen Länder wie England, Frankreich und Italien auf eine Politik der Auslandsverschuldung. Sie nahmen 40 % aller 1974 vergebenen Roll-Over Kredite auf.

Das erklärt in diesem Jahr auch den Sprung von 11 auf nahezu 17 Milliarden $ bei den Industriestaaten.

Der 1975 klar erkennbare Rückschlag wurde durch die Euromarktkrise und eine im Zuge des Herstatt-Bankkrachs wieder vorsichtigere Kreditpolitik verursacht.

Der hohe Anteil der Entwicklungsländer — es handelt sich dabei meist um Länder der vierten Welt, ist sicher beunruhigend[29]. Leider

---

[27] Hier sind bloß diejenigen Großkredite erfaßt, bei denen Kreditverträge oder -prospekte in irgendeiner Form ihren Niederschlag in der Finanzpresse fanden.

[28] N. N.: Les crédits rotatifs, a.a.O., S. 4.

[29] N. N.: Should the Paris Club reschedule rollover Eurocredits, S. 34.

konnte man sich in diesem Zusammenhang noch nicht zur Schaffung eines „Kreditschutzverbandes" für eben diese Länder durchringen.

Ich glaube, daß die Zukunftsaussichten der Roll-Over Kredite mit jenen der Anleihen mit veränderlichem Zinsfuß zu vergleichen sind. Auch hier handelt es sich nur um einen Vorgang, bei dem versucht wird, bei der Kreditvergabe den raschen Änderungen der Währungsverhältnisse und steigenden Geldentwertungsraten zu entsprechen-. Da eine Rückkehr zu stabilen Verhältnissen vorderhand ausgeschlossen scheint, dürften die Zukunftsaussichten dieser Kreditform als günstig zu beurteilen sein.

Die gleichmäßige Entwicklung des Eurokapitalmarktes und eine maßvolle Vergabepolitik der Finanzinstitute werden dabei die zukünftige Entwicklung der Roll-Over Kredite wesentlich mitbestimmen.

3.4. Spareinlagen

Die Auseinandersetzung um die Indexierung von Spareinlagen wurde in letzter Zeit sicherlich in Frankreich am heftigsten geführt.

Vor allem Attali[30], Mitterand[31], Jeanneney[32] und Moreau-Néret[33] traten für einen Schutz der Spareinlagen in Form einer Indexbindung an die Lebenshaltungskosten ein.

Mit der Wahl Giscard d'Estaing zum Präsidenten behielten aber die Verfechter des Nominalwertprinzips wie Barre[34] und Fourcade[35] 1974 die Oberhand.

In anderen Ländern konnte sich hingegen die Indexierung der Spareinlagen durchsetzen. Dies ist besonders in den Ländern der Dritten und Vierten Welt der Fall.

Als Beispiel ist hier Kolumbien angeführt.

Im Mai 1972 beschlossen die kolumbianischen Währungsbehörden durch die Schaffung eines neuen Sparsystems den Sparern eine reale Verzinsung zu garantieren.

---

[30] *Attali,* Jaques: Les princes irrésolus, in: L'Expansion, Paris, März 1975.

[31] *Bourgine,* Raymond: L'indexation de M. Mitterand, in: Valeurs actuelles, Paris 1974-09-09.

[32] *Jeanneney,* Jean-Marcel: L'indexation de l'épargne — serait-ce casser l'expansion?, in: Le Monde, Paris 1974-09-22/23.

[33] *Moreau-Néret,* Oliver: L'indexation de l'épargne, in: Le Monde, Paris 1974-11-06.

[34] *Barre,* Raymond: L'inflation, l'épargne, l'indexation, in: Le Figaro, Paris 1974-06-22/23.

[35] *Margaron,* Alain: Le trompe — l'oeil de M. Fourcade, in: Valeurs actuelles, Paris 1974-09-16.

Die Neuerung bestand in der Einführung einer Rechnungseinheit konstanter Kaufkraft (UPAC), die die Änderungen des offiziellen Lebenshaltungskostenindex widerspiegeln sollte. Der Basiszinssatz änderte sich nicht (und verlor damit bald jede Bedeutung): der Effektivzinssatz wurde jedoch mittels erwähnter Rechnungseinheit alle sechs Monate neu festgesetzt[36].

Diese Begünstigung wurde aber nur jenen Einlegern zuteil, die ihre Mittel bei den staatlichen Bausparkassen und -gesellschaften anlegten. Es sind nämlich diese Maßnahmen im Zusammenhang mit einem Langzeitprogramm der Regierung zur Förderung des Wohnbaus und zur Behebung der drückenden Wohnraumnot zu verstehen.

Dazu muß noch erwähnt werden, daß alle anderen Spareinlagen die Auswirkungen der Inflation voll zu spüren bekamen.

Seit Juli 1975 werden auch in England unter bestimmten Bedingungen Erträge aus Spareinlagen indexgekoppelt.[37].

Es handelt sich hier um zwei verschiedene neue Sparpläne. Der eine richtet sich ausschließlich an Pensionierte, das heißt an Frauen über sechzig und an Männer über fünfundsechzig Jahren. Das dem Schatzamt unterstellte Department of National Saving offeriert über Postbüros und Bankschalter Sparzertifikate im Nennwert von 10 £ bis zu einem Maximalbetrag von 500 £.

Der Sparkontrakt läuft in der Regel über fünf Jahre, wobei aber jederzeit die Rückzahlung verlangt werden kann. Im ersten Jahr erfolgt die Rückerstattung zum Nennwert. Vom 13. Monat an werden die Ersparnisse rückwirkend auf das Kaufdatum monatlich der Steigerung des Detailhandelspreisindex angepaßt.

Nach fünf Jahren kommt zusätzlich ein Bonus von 4 % der Sparsumme zur Auszahlung.

Dieses System ist am 2. Juni in Kraft gesetzt worden. Nach Auskunft des Departements sind in den beiden ersten Wochen für etwa 20 Mio £ Zertifikate verkauft worden.

Allerdings scheinen sich bisher nicht unbedingt die „kleinen" Sparer, für die das System in erster Linie gedacht ist, beteiligt zu haben; nach den Wahrnehmungen des Departements sind meist gleich die Maximalbeträge von 500 £ gezeichnet worden.

---

[36] *Goltz*, Albert / *Lachmann*, Desmond: Le système d'ajustement monétaire et les sociétés d'epargne et de prêts en Colombie, in: Fonds Monétaire International, Vol. 11, Nr. 3, Washington, September 1974.

[37] Das Schatzamt beschreitet neue Wege, in: Neue Zürcher Zeitung, Zürich 1975-06-24.

Der zweite Sparplan, der am 1. Juli 1975 in Kraft gesetzt wurde, sollte das bis dahin gültige SAYE-System (Save As You Earn) ersetzen und kann von jedermann vom 16. Lebensjahr an beansprucht werden. Die regelmäßigen monatlichen Sparbeträge können zwischen 4 £ und 20 £ betragen.

Anders als beim Sparplan für Pensionierte wird hier die Teuerungskomponente jedoch nur dann gewährt, wenn die Laufzeit des Sparvertrags von fünf Jahren eingehalten wird. Bei vorzeitigem Rückzug erfolgt bloß eine Verzinsung zu 6 %.

Die Indexierung erfolgt ebenfalls auf Grund des Detailhandelspreisindexes nach Ablauf des Kontraktes. Bleibt die eingezahlte Summe nach fünf Jahren für zwei weitere auf dem gleichen Konto, so läuft die Indexierung weiter, wobei ein zusätzlicher Bonus in der Höhe zweier Monatsbeiträge gewährt wird.

Bei beiden neuen Systemen ist der Sparer von Einkommen- und Kapitalgewinnsteuern befreit.

Es handelt sich um den ersten Versuch in Großbritannien, die Spartätigkeit durch eine Indexierung zu fördern. Durch die stets fortschreitende Teuerung, die gegenwärtig eine Jahresrate von 25 % aufweist, ist das konventionelle Sparen immer unattraktiver geworden.

Für die Regierung bedeuten hingegen Mittelzuflüsse beim Department of National Saving zusammen mit dem Verkauf von Regierungstiteln eine wichtige Finanzquelle.

Das Experiment mit dem indexierten Sparen zielt, vom sozialen Aspekt abgesehen, denn auch darauf ab, diese Quelle vor dem völligen Versiegen zu bewahren.

3.5. Indexwährungen

3.5.1. Einführung

Der Begriff der Indexwährung ist nicht eindeutig. Manchmal wird darunter eine Währung verstanden, deren Kaufkraft durch Regulierung der Geldmenge nach Maßgabe bestimmter volkswirtschaftlicher Indizes (meist der Entwicklung des Bruttonationalproduktes) stabil gehalten wird.

Ihr Zweck ist die Erreichung einer krisenfesten, konjunkturlosen Wirtschaft.

Auf diesen, mit der neueren Nationalökonomie auftauchenden Gedanken wurde zuletzt im unter Führung des Altbundeskanzlers Erhard veröffentlichten „Konzept zur Rückgewinnung der Stabilität" wieder zurückgegriffen.[38].

Daneben gibt es aber noch eine andere Form der Indexwährung, deren viel längere Geschichte vom Wirtschaftshistoriker Lütge eingehend untersucht wird[39].

Der Grundgedanke bestand darin, dem sich ständig verschlechternden und immer unübersichtlicher werdenden Kurantgeld eine wertstabile Geldeinheit gegenüber zu stellen. Derartige Geldeinheiten wurden beispielsweise in Genua 1586, Venedig 1587, Amsterdam 1609 und Nürnberg 1621 geschaffen.

Auch in Hamburg entstand 1619 so eine Währung, die „Mark Banco" genannt wurde.

Der Wert dieses privaten Bankgeldes war auf den von Kaufleuten eingelegten Silberbarren begründet. So entstand damals eine der beliebtesten Handelswährungen Europas. Aus diesem Grund wurde bei der Vereinheitlichung des deutschen Geldwesens nach 1871 nicht der norddeutsche Taler oder der süddeutsche Gulden, sondern das Hamburger Geld zur nationalen Währung.

In der Verpflichtung der Notenbanken zur Hingabe des definierten Gegenwertes einer Währung in Gold steckte noch ein letzter Rest dieses Gedankens, unter den Nixon 1971 mit seiner Erklärung, die Einlösepflicht für den US-Dollar aufzuheben, einen Schlußstrich zog.

3.5.2. Der Constant

In diesem Zusammenhang verdient das in Europa wenig beachtete Beispiel der Indexwährung des amerikanischen Währungsfachmannes Ralph Borsody seine Würdigung[40].

Borsody schuf zu Beginn der siebziger Jahre im Städtchen Exeter, New Hampshire, den „Constant", der dort neben dem Dollar als Zahlungsmittel gilt.

Da meines Wissens der Constant die einzig gültige private Indexwährung der Gegenwart ist, soll er etwas genauer beschrieben werden.

Unter Borsodys Führung wurde die Independent Arbitrage International (IAI) 1971 gegründet und dient seither als Emissionsinstitut für den Constant. Der Gegenwert eines Constant wurde mit einem Tau-

[38] Konzept zur Rückgewinnung der Stabilität: Aufruf eines deutschen Professorenkollegiums, in: Zürcher Zeitung, Zürich 1974-05-15.

[39] N. N.: Kommt das private Geld, in: Wirtschaftswoche Nr. 21, 1974-05-17.

[40] N. N.: Kommt das private Geld.

sendstel des jeweils zu errechnenden Wertes (nach nationaler, offizieller Währung) der Gesamtheit folgender 30 Grundstoffmengen festgesetzt.

Gold	60 Troy Unzen	Kakao	1500 engl. Pfund
Rohöl	400 barrels	Gerste	200 bushels
Eisen	15 short tons	Erdnüsse	1000 engl. Pfund
Reis	20 000 engl. Pfund	Kupfer	500 engl. Pfund
Weizen	400 bushels	Kaffee	3 Säcke
Silber	40 Troy Unzen	Aluminium	500 engl. Pfund
Mais	350 bushels	Zucker	6000 engl. Pfund
Zement	125 barrels	Kautschuk	500 engl. Pfund
Baumwolle	2 Ballen	Sojabohnen	50 bushels
Wolle	250 engl. Pfund	Hafer	100 bushels
Baumwoll-		Jute	200 engl. Pfund
samen	1 short ton	Zinn	20 engl. Pfund
Roggen	50 bushels	Nickel	30 engl. Pfund
Häute	10 Stück	Schwefel	1 long ton
Zink	300 engl. Pfund	Kopra	1 short ton
Blei	200 engl. Pfund		

Wer zum Beispiel im Juni 1972 20 Dollar für 100 Constants einbezahlt hatte und im Jänner 1973 wieder den Gegenwert in Dollar erhalten wollte, erhielt 23,30 $.

IAI legte mittlerweile die eingezahlten Dollars in zum größten Teil langfristigen Termingeschäften an, die in den 30 Rohstoffen des Constant abgeschlossen wurden.

Die Einleger bekamen überdies eine Verzinsung von $4^1/_2$ %.

Die Constants zirkulieren wie staatliches Geld und wurden schließlich so beliebt, daß sie sogar die örtliche Polizei annahm. Auf jedem Geldschein ist sein Gegenwert genau festgehalten.

4. Meinungen über Wesen und Auswirkungen der Indexkoppelung

4.1. Einleitung

Schon eine oberflächliche Untersuchung läßt erkennen, daß sich bis heute keine klare, allgemein anerkannte Lehrmeinung in der Frage der Indexkoppelung bilden konnte. Das wäre auch angesichts der eingangs erwähnten Meinungsvielfalt vollkommen unmöglich.

Während sich bei den meisten Auseinandersetzungen, die um den Sinn des Einsatzes wirtschaftspolitischer Instrumente geführt werden, Befürworter von Gegnern klar unterscheiden, sind die Fronten bei der Indexfrage wesentlich unübersichtlicher.

Es besteht nämlich Uneinigkeit darüber, ob man überhaupt indexieren soll, was man von einer Indexierung erwarten kann, ob man vollkommen oder nur teilweise indexieren soll, ob eine teilweise Indexkoppelung tatsächlich auf das vorgesehene Gebiet beschränkt werden kann und ob eine befristete Indexierung überhaupt möglich ist.

Diese Schwierigkeiten werden von Neubauer sehr klar zusammengefaßt[1]:

„Man sieht hier, wie schwer sich die nationalökonomische Analyse tut, wenn sie die selbstgemachte Modellwelt verläßt, sich der Herausforderung praktischer Wirtschaftspolitik stellt, dabei die subjektiv gezielte Auswahl von Beurteilungsmerkmalen und Schlußfolgerungen kaum je ganz vermeiden kann, gleichwohl aber doch zur erschöpfenden Prüfung aller Bedingungen und Wirkungen verpflichtet bleibt."

Etwas übersichtlicher wird die Lage, wenn man stabile Wirtschaftsverhältnisse als erstrebenswertes Ziel festlegt und nun die Indexkoppelung im Zusammenhang mit diesem, auf weiteste Zustimmung stoßenden Grundsatz untersucht.

Aus der Fülle der gegensätzlichen Standpunkte herausgegriffen, sind als wichtigste Gesichtspunkte folgende zu nennen:

Als Argument für die preisstabilisierende Wirkung eines Indexsystems wird angeführt, daß

---

[1] *Neubauer*, Werner: Probleme der Indexbindung, in: Finanzarchiv, Neue Folge, Band 34, S. 363, Tübingen 1976.

— für die Konsumenten der Anreiz entfällt, aus Furcht vor beschleunigter Geldentwertung Käufe vorzuziehen. Auf diese Weise kann es zu keinen preistreibenden Nachfragestößen kommen.

— die Unternehmer nicht mehr genötigt sind, erwartete Preissteigerungen vorwegzunehmen.

— die Unternehmer vor ausufernden Lohnforderungen geschützt werden und damit die Notwendigkeit zu inflationsfördernden Lohnkostenüberwälzungen in den Preisen entfällt.

— Sozialkonflikte (mit der Folge allzu hoher Lohnzugeständnisse) entschärft werden, da zumindest der Teuerungsausgleich seitens der Arbeitnehmer nicht mehr erkämpft werden muß.

Deggegenüber werden die inflationsfördernden Wirkungen damit begründet, daß

— die allgemeine Indexierung in Wirklichkeit nur wie ein Schwungrad der Inflation wirkt.

— der Widerstand seitens der Unternehmer gegenüber Lohnforderungen, die den Produktivitätsfortschritt wesentlich überschreiten, nachlasse, denn die Weitergabe gestiegener Löhne in den Preisen erscheint dank der nominellen Nachfragesteigerung gesichert.

— die staatliche Preispolitik zur Indexkosmetik zwecks Stabilhaltung des Verbraucherpreisindex ausartet, was schwindende Markttransparenz und schwerwiegende Verzerrungen der gesamtwirtschaftlichen Angebots- und Nachfragestruktur nach sich zieht.

— die Ausweitung der Indexbindung auch auf andere Bereiche (Sozialleistungen, Arzt- und Anwaltshonorare, Steuern, Agrarpreise etc.) erfolge. Dadurch erhält die Inflation weiteren Auftrieb, und die auf der nationalen Währungseinheit basierende Rechenhaftigkeit der Wirtschaftsprozesse wird durch ein Rechnen in Indexpunkten abgelöst.

Die offenbare Widersprüchlichkeit der Argumente hat eine Beurteilung der Indexautomatik im Hinblick auf ihre preisstabilisierende bzw. inflationsstimulierende Wirkung bisher eher erschwert als gefördert.

Dies nicht zuletzt deshalb, weil entweder ganz überwiegend theoretisch argumentiert worden war oder aber empirisch abgesicherte Begründungen des Nachweises der Allgemeingültigkeit weitgehend ermangelten[2].

---

[2] *Kuntze*, Oscar-Erich: S. 157.

Die Befürworter der Indexbindung gehen davon aus, daß eine „trabende“ Inflation über kurz oder lang das Nominalwertprinzip ad absurdum führt und durch eine Aufrechterhaltung dieses Nominalwertprinzips die negativen Folgen (Verteilungswirkungen, Verzerrung des Rechnungswesens, Unmöglichkeit der Altersvorsorge durch Sparen, progressive Besteuerung von nominalen Einkommenssteigerungen usw.) der stetigen Geldentwertung voll zum Tragen kommen. Indexbindungen können im Hinblick auf folgende Zielsetzungen eingesetzt werden:

— als Inflationsbekämpfungsmittel,

— als Mittel zur Milderung oder Beseitigung von Inflationsschäden, und

— als Mittel zur Unterstützung von Stabilisierungsmaßnahmen.

4.2. Indexkoppelung als Inflationsbekämpfungsmittel

Die Inflationsbekämpfung ist wohl die schwierigste, aber auch umstrittenste Aufgabe für das Instrument der Indexbindung. Die Befürworter der Indexierung als Inflationsbekämpfungsinstrument sind der Meinung, daß durch die totale Indexierung die Inflation verteilungsneutral wird und in weiterer Folge niemand mehr Interesse daran habei kann, mit Hilfe inflationistischer Maßnahmen wirtschafts- und gegesellschaftspolitische Ziele durchzusetzen.

Nach Loitlsberger würde damit die Inflation zum Erliegen kommen[3].

Milton Friedmann wird in diesem Zusammenhang oft als bekanntester Vertreter einer vollständigen Indexierung genannt. Diese tatsächlich von ihm vertretene Meinung darf allerdings nicht aus ihrem Zusammenhang gerissen werden. Für Friedmann besteht nämlich die einzige Möglichkeit einer wirksamen Inflationsbekämpfung darin, die jährliche Geldmengenzunahme zu verringern. Die Verringerung aber, die notwendig wäre, um eine Inflationsrate von 10 % wieder auszugleichen, würde den sozialen Frieden gefährden[4].

Da dies auf keinen Fall geschehen darf, muß man sich mit zwei Krükken behelfen. Die eine besteht aus einer stufenweisen Einschränkung des Geldmengenzuwachses, die sich über mehrere Jahre erstreckt, und die andere ist in der Einführung eines allumfassenden Indexsystems zu sehen.

---

[3] *Loitlsberger,* Erich: Indexierung aus betrieblicher Sicht, in: Wirtschaftspolitische Blätter 1975/2, Wien 1975, S. 81—82.

[4] *Friedmann,* Milton: L'indexation, seul remède contre l'inflation, in: La vie francaise/Opinion, Paris 1974-04-11.

Für ihn besteht aber seitens des Staates keine Notwendigkeit, dieses System gewaltsam einzuführen. Es entsteht vielmehr zwangsweise, als unvermeidbare Folge der gegenwärtigen Inflation, von selbst.

Die Einwände gegen diese Hypothese sind zweifacher Art. Einerseits wird gemeint, daß man bei der Beurteilung der inflationsdämpfenden Wirkung auch berücksichtigen müsse, welche Ursachen für die jeweils zu bekämpfende Inflation maßgeblich sind, andererseits wird vorgebracht, daß Indexbindungen nicht nur inflationsdämpfend wirken, sondern vielmehr die Inflation erst recht in Gang bringen bzw. verstetigen.

Die Argumentation, daß bei totaler Indexbindung niemand mehr Interesse an inflationierenden Maßnahmen habe, wird entgegen gehalten, daß dies höchstens ein unfehlbares Mittel zur Beseitigung der letzten Reste der noch bestehenden Geldillusion ist.

4.3. Meinungen im Bereich der Entlohnung

Die Bindung der nominalen Löhne und Gehälter an geeignete Preisindizes, die in den Tarifverträgen zu vereinbaren wäre, wird von Giersch befürwortet, von Nölling abgelehnt; bei Issing erscheint sie in so beunruhigendem Zwielicht, daß die Schlußfolgerung negativ sein muß[5].

Angesichts jährlicher Tarifverhandlungen und Inflationsraten unter 10 % kann die Forderung nach Indexlöhnen nicht auf ernstliche soziale Härten gestützt werden.

In Tarifverträgen vorweggenommene, dann aber im Zug einer erfolgreichen Stabilisierungspolitik sinkende Inflationsraten brächten die Unternehmer in Bedrängnis und führten zu Stabilisierungskrisen und Arbeitslosigkeit.

Hinzu kommt, daß bei Indexierung in Jahren schon entfalteter Krisen die vereinbarten Reallöhne gewiß stärker steigen werden als ohne Indexbindung, es sei denn, die Unternehmer riskierten erheblich verschärfte Arbeitskämpfe und lange Streiks.

Im Februar 1975 wurde in Deutschland für die Öffentlichen Dienste, Transport und Verkehr eine Lohn- und Gehaltssteigerung von 6,6 % vereinbart. Die Steigerungsrate des Preisindex der Lebenshaltung lag in dieser Zeit auf der gleichen Höhe.

Es ist höchst unwahrscheinlich, daß — bei Geltung der Indexbindung — eine entsprechende Vereinbarung über die Reallöhne hätte stattfinden können.

[5] *Ehrlicher*, Werner: a.a.O., S. 15.

Nicht produktivitätsgerechte Reallohnerhöhungen, die durchzusetzen die Gewerkschaften sich gezwungen sehen würden, müßten aber zu der von Issing beschriebenen „Stagflation“ bzw. zu der auch von Giersch für möglich gehaltenen „beschleunigten Freisetzung“ (von Arbeitskräften) führen.

Die begründete Befürchtung, daß indexgebundene Löhne die Gewerkschaften zu überzogenen Reallohnforderungen zwängen, den Unternehmern ein Signal zu verstärktem Wettlauf bei Preiserhöhungen setzten und daß beide Seiten dabei einander gegenseitig unentwegt anfeuerten — diese Befürchtung dämpft erheblich das Zutrauen zu Indexlöhnen als einer Stütze der Stabilitätspolitik[6].

4.4. Meinungen im Bereich der Darlehensschulden

Längerfristige, nominal bemessene Geldforderungen (und deren Erträge, falls ein fester Zinssatz vereinbart ist) werden vom Geldwertschwund ungleich einschneidender betroffen als Löhne und Gehälter. Wenn man nicht die Verkümmerung des langfristigen Kapitalverkehrs und dessen Substitution durch den mittel- und kurzfristigen in Kauf nehmen will, müssen neue Formen längerfristiger Kreditverträge gefunden werden.

Für Otto Pfleiderer gibt es keinen Zweifel, daß diese neuen Formen solche mit Indexbindung der Schuldsumme sowohl als auch der laufenden Zinszahlungen sein müssen. Diese Meinung vertritt auch Giersch.

Den Autoren zufolge soll und kann eine solche Indexbindung bewirken:

1. den so sehr nötigen Gläubigerschutz mittels Vermeidung von Schuldnergewinnen;
2. eine Dämpfung der Inflation durch
   a) zunehmende Sparneigung und Bereitschaft zur Geldvermögensbildung, folglich abnehmende Nachfrage auf den Gütermärkten und
   b) schwindende Spekulation auf inflationsbedingte Schuldnergewinne und folglich auch sinkende Kreditnachfrage, wiederum verbunden mit sinkender Nachfrage auf den Gütermärkten;
3. die Möglichkeit, jederzeit mit sicher bekannten Realzinsen zu kalkulieren, so daß unerwartete Veränderungen der Inflationsrate weder eine Enttäuschung der Schuldner noch der Gläubiger mit sich bringen würden.

[6] *Neubauer*, Werner: S. 365, 366.

Einen inflationsverstärkenden Effekt befürchtet Pfleiderer für den Fall, daß der reale Geldvermögensbestand durch Zuschläge zu den laufenden Zinsen gewährleistet werden soll. Der Schuldner könnte die laufenden Ausgleichszahlungen auf seine Abnehmer, Mieter usw. überwälzen wollen.

4.5. Index und Besteuerung

Fritz Neumark untersucht die Auswirkungen einer Indexierung der Besteuerung, soweit sie im Interesse der Steuerpflichtigen liegen.

Er beschäftigt sich mit der Beziehung, die zwischen Inflation und den stabilitätspolitischen Steuerzwecken besteht und zeigt unter anderem, daß sich aus dem Zusammentreffen von Steuerprogression und Inflation meistens eine durchschnittliche reale Mehrbelastung der Steuerpflichtigen ergibt, die vom Gesetzgeber nicht beabsichtigt und von den Grundsätzen der Besteuerung nicht gedeckt ist, wobei auch mit einer Umverteilung der Steuerlast zu rechnen ist. Dies sei ein Grund mehr für eine laufende Korrektur der Besteuerung in Zeiten spürbarer Inflation[7].

Socher sieht außerdem den Zweck einer Indexbindung darin, sonstige Stabilisierungsmaßnahmen wirkungsvoll zu unterstützen[8]:

Es wird hier angeführt, daß vor allem dann, wenn durch andere Stabilisierungsmaßnahmen eine Verminderung der Geldentwertung erreicht werden kann, durch eine Indexautomatik diese sich anbahnende Trendumkehr verstärkt werden könnte, weil durch die Indexierung eine Anpassung bloß an die tatsächliche Geldentwertung stattfände und nicht durch eine Perpetuierung etwa in der Vergangenheit stattgefundener hoher Lohnerhöhungen die sich abzeichnende Stabilisierung zunichte gemacht werden könnte.

Diese Argumentation wird stärker unterstützt als die Argumentation, daß Indexbindungen von sich aus als inflationsdämpfendes Instrument gelten können.

Klose, der an sich einer Indexierung skeptisch gegenüber steht, gibt zu, daß in Spätphasen der Konjunktur eine Indexbindung eventuell befürwortet werden kann, er schränkt diese Befürwortung jedoch auf eine zeitlich begrenzte Maßnahme ein[9].

---

[7] *Neubauer,* Werner: S. 374.

[8] Indexbindung in Österreich: S. 93.

[9] *Klose,* Alfred: Indexierung und Sozialpartnerschaft, in: Wirtschaftspolitische Blätter, 1975/2, Wien 1975, S. 29.

4.6. Zusammenfassung

Zu Recht wird den Theoretikern vorgeworfen, ihre Indexüberlegungen oft nur für wirtschaftliche Teilbereiche anzustellen, wovon der vorangegangene Überblick ein beredtes Zeugnis gibt. Die wirtschaftliche Wirklichkeit und die Gegenüberstellung dieser Gedanken mit den Erfahrungen der wichtigsten Indexländer kommen dabei meistens zu kurz. Die Behandlung der Verhältnisse in den Ländern Brasilien, Finnland und Israel soll nun einer Erfahrungsbereicherung dienen und die Überprüfung der geäußerten Meinungen erleichtern.

5. Erfahrungen in Ländern mit vollkommenem Indexsystem

5.1. Brasilien

5.1.1. Wirtschaftliche Lage vor 1964 und Ursachen der Hyperinflation

Die „Revolution des 31. März 1964“ und die Machtübernahme durch den neuen Präsidenten Castello Branco war für die brasilianische Wirtschaft von tiefgreifender Bedeutung.

Aus politischer Sicht könnte man vereinfachend sagen, daß damals auf unblutige Weise ein gemäßigter General vom Schlage eines de Spinola mit seinem Anhang über radikalere Gruppen die Oberhand gewann.

Sofort wurde ein eigenes Beamtenkorps mit der Durchführung einer neuen Wirtschaftspolitik beauftragt und in Regierung, Ministerien und den staatlichen Finanzinstituten eingesetzt. Eine Aussetzung der Vollmachten des Parlaments erweiterte die Entscheidungsfreiheiten des Präsidenten, der seine Vollmachten an die beiden, mit der Vollstrekkung der Wirtschaftspolitik beauftragten Minister delegierte.

Es handelt sich dabei um den Finanzminister und den Minister für Planung und Kooperation[1]. Dem Finanzminister sind die mit der Ausführung der Finanzpolitik betrauten Organe und die Finanzinstitute unterstellt, während der zweite Minister für die Budgeterstellung und die erfolgreiche Zusammenarbeit aller mit der Wirtschaftspolitik befaßten Stellen verantwortlich ist.

Im folgenden wird kurz der Zustand der brasilianischen Wirtschaft und der politischen Verhältnisse vor 1964 aufgezeigt. Die Schwierigkeiten gehen nicht nur auf die außergewöhnliche Größe des Landes und die damit verbundene unterschiedliche regionale Entwicklung zurück, sondern sind auch einer unglücklichen Wirtschaftspolitik unter dem Präsidenten Kubitschek anzulasten.

5.1.1.1. Die Landwirtschaft

Bis 1964 nahm die Landwirtschaft, die 1950 noch 60,3 % und 1960 immer noch 53,2 % der arbeitenden Bevölkerung beschäftigte, eine vorherrschende Stellung ein.

---

[1] Dieses Ministerium gibt es erst seit dem 2. 3. 1964.

1960 lag das durchschnittliche Einkommen pro Monat in Brasilien bei 5,9 Cruzeiros[2]. Die Hälfte der Brasilianer mußte aber mit 2,1 Cruzeiros auskommen, womit diese Gruppe nahezu auf das Existenzminimum gesetzt war und den weitaus größten Teil seines Einkommens für Ernährung ausgeben mußte.

Gerade die Mindestlöhne wurden aber stark und (zeitlich) ungleichmäßig erhöht. Im Durchschnitt wurden sie zwischen 1951 und 1964 achtmal um insgesamt 3 500 % angehoben.

Die Folge davon war eine starke Nachfragesteigerung nach landwirtschaftlichen Erzeugnissen, was seinerseits eine starke Preissteigerung nach sich zog, da weder die ungenügenden Vorräte noch das bestehende Verteilungssystem diesen Ansturm auffangen konnten.

Überdies stellten landwirtschaftliche Erzeugnisse damals den Hauptanteil der Ausfuhren. Der Kaffee machte über die Hälfte aus und fügt man noch Kakao und Zucker hinzu, so erhält man 70 % des Wertes der Exporte in diesen Jahren. Diese Güter unterliegen aber stärker als alle anderen den Schwankungen am Weltmarkt, die damit voll auf die brasilianische Wirtschaft durchschlugen.

5.1.1.2. Die Industrie

Die industrielle Entwicklung hatte mit folgenden Schwierigkeiten zu kämpfen:

— Einfuhrbeschränkungen

Die brasilianische Wirtschaft war damals ohne der Importe von Erdöl, Eisenerzen (die reichen Erzvorkommen sollten erst in den späten sechziger Jahren entdeckt werden), gewisser chemischer Grundstoffe und Maschinen kaum lebensfähig, was sich schwer in der Zahlungsbilanz niederschlug. Ihr Ausgleich wurde immer schwieriger, da die Ausfuhren wertmäßig nicht anstiegen, woran der Sturz des Kaffeepreises am Weltmarkt und die mangelnde Wettbewerbsfähigkeit der Industrieerzeugnisse Schuld trugen.
Die damals recht schnell aufeinanderfolgenden Regierungen schränkten darum die Einfuhr von Brennstoffen, Schmiermitteln und Metallwaren energisch ein und drangen auf eine „Substitution der Importe" um jeden Preis, damit die heimische Industrie den Bedarf decken kann, ohne sich um die Produktionskosten auf dem Weltmarkt zu kümmern.

Die sich daraus ergebenden Preissteigerungen werden aus der Entwicklung des Großhandelspreisindex für chemische Erzeug-

---

[2] 1960 war ein Cruzeiro 5,27 $ wert.

nisse, Heiz- und Schmierstoffe und Metallwaren deutlich, der zwischen 1947 und 1963 von 100 % auf 3 890, 3 550 und 3 590 % stieg, während der gemittelte Index aller übrigen industriellen Erzeugnisse im gleichen Zeitraum „nur“ auf 2 727 % stieg.

— Investitionsmangel

Die Investitionen machten stets rund 15 % des BNP aus, aber ein stetig steigender Anteil davon (1950: 38 %, 1965: 68 %) wurde von der öffentlichen Hand aufgebracht. Der Rückgang der privaten Investitionen ist vor allem dem durch die Inflation mangelnden Sparaufkommen, der Möglichkeit, die Preise häufig und unkontrolliert zu erhöhen — womit der Rationalisierungsanreiz entfällt — und der allgemeinen finanziellen Unsicherheit zuzuschreiben.

— Facharbeitermangel

Brasiliens Industrie fehlten schon immer Facharbeiter, Techniker und Ingenieure, woran bedeutende Ausbildungsanstrengungen bis heute wenig ändern konnten, womit aber auch die bedeutenden Lohnsteigerungen dieser Berufsgruppen erklärt sind. Der von der Volkszählung 1960 abgeleitete Bildungsstand weist auf diesen Mangel klar hin. Wegen der Bevölkerungsexplosion seither dürfte sich an diesen Sätzen wenig geändert haben: Die Bevölkerung wuchs zwischen 1960 und 1975 von 70 auf 105 Millionen an.

Analphabeten	39,06 %
Volksschulbildung	51,71 %
Hauptschulbildung	5,16 %
Mittelschulbildung	2,67 %
Hochschulbildung	1,40 %

— Marktenge

Obwohl Brasilien schon 1960 zu den einwohnerstärksten Ländern zählte, verdienten damals nur etwa 10 % der Bevölkerung 23,3 Cruzeiros monatlich. Als Kunden der brasilianischen Wirtschaft kam also nur ein kleiner Kreis in Frage. Den Unternehmen war Rationalisierung durch Produktionsausweitung genommen. Marktenge und fehlende ausländische Erzeugnisse waren der Grund für den Mangel jedes Wettbewerbs.

5.1.1.3. Dienstleistungen

1950 wurden von 25,7 % und 1960 von 33,5 % der Bevölkerung 44,5 % des BNP erarbeitet, die auf diesen Sektor entfielen. Während die Leistung gleichblieb, nahmen die Beschäftigten anteilsmäßig um 66,5 % zu.

Der Dienstleistungssektor nahm den Hauptanteil der in die Stadt ziehenden Landbevölkerung auf. Da bei den Dienstleistungen die Gesamtkosten engstens mit den Personalkosten verbunden sind, die Mindestlöhne bei fallender Produktivität aber auch hier stark gehoben wurden, konnten inflationäre Folgen nicht ausbleiben.

5.1.1.4. Der Zusammenbruch des finanziellen Gleichgewichtes

Seit 1954 ist das Budget defizitär, was sich durch die Finanzierung größter Vorhaben erklärt (Brasilia, Transamazonica u. a.), die die Möglichkeiten des Staatshaushaltes überstiegen. Außerdem stiegen die Verwaltungsausgaben durch die Aufblähung der Beamtenschaft überdurchschnittlich stark an. Die Staatseinnahmen konnten unter diesen Bedingungen nicht mit den Ausgaben Schritt halten. Das Defizit wuchs von 0,6 % des BNP 1952 auf 4,2 % 1963.

Durch den zunehmenden Mangel an privatem Sparaufkommen mußte ein stetig wachsender Teil des Defizits durch die öffentliche Hand finanziert werden, was gerade dann durch gesteigerte autonome Geldschöpfung geschah, als die Wirtschaft des Gegenteils bedurfte. Gleichzeitig nahm das Geldvolumen stark zu, was hauptsächlich auf das Ansteigen der Kredite in der Privatwirtschaft und der auf den Bundesschatz gezogenen (langfristigen) Wechsel zurückging.

Die aufgezählten Gründe führten zu einer Inflation größten Ausmaßes; die wirtschaftlichen Zustände erlangten unter der Bezeichnung „Brasilianische Verhältnisse" traurige Berühmtheit.

Die Entwicklung läßt sich unschwer aus dem Anstieg des nationalen Preisindex ablesen.

Drei Phasen zeichnen sich klar ab:

1947—52 hielt sich die Geldentwertung zwischen 12—13 %.

1953—58 stieg die Rate auf 24—25 % mit Ausnahme von 1955 und 1957, wo die Ernten überreich waren.

1959—63 ist die Zeit der Hyperinflation.

Unglücklicherweise ging mit den wachsenden Inflationsraten die Abnahme des Wirtschaftswachstums und eine Kaufkraftverringerung breiter Schichten Hand in Hand.

Obwohl genaue Angaben unzugänglich sind, weiß man, daß die Kaufkraft der Mindestlohnempänger seit 1956 fiel. Der entsprechende Index fiel zwischen 1956 und 1964 von 146 auf 112.

Mario Henrique Simonsen, der jetzige Finanzminister, stellt in seinem Buch „Brasil 2002" fest, daß hingegen die Kaufkraft der Facharbeiter selbst während dieser Zeit anstieg, da sie durch die Beschaffenheit des Arbeitsmarktes ihre Lohnforderungen stets durchsetzen konnten.

Tabelle 10

Entwicklung des nationalen Preisindex[3]

Jahr	Index	Zunahme in %
1947	100,0	—
1948	107,0	7,0
1949	114,6	13,2
1950	127,3	12,4
1951	148,4	11,9
1952	165,9	12,9
1953	190,4	20,8
1954	241,8	25,6
1955	281,5	12,4
1956	337,6	24,4
1957	385,5	7,0
1958	435,7	24,3
1959	600,5	39,5
1960	775,7	30,5
1961	1063,1	47,7
1962	1612,2	51,3
1963	2827,1	81,3

Tabelle 11

Vergleich von realem Wirtschaftswachstum und Produktionszunahme in Brasilien[4]

Jahr	Reales Wirtschaftswachstum in %	Produktionszunahme je Kopf in %
1947	—	—
1948	7,4	4,7
1949	6,6	4,3
1950	6,5	4,0
1951	6,0	2,8
1952	8,7	5,6
1953	2,5	— 0,5
1954	10,1	7,0
1955	6,9	3,7
1956	3,2	10,2
1957	8,1	4,9
1958	7,7	4,6
1959	5,6	2,4
1960	9,7	6,6
1961	10,3	7,2
1962	5,3	2,3
1963	1,5	— 1,3

[3] *Auberger*, Philippe: a.a.O., S. 14.
[4] *Auberger*, Philippe, a.a.O., S. 17.

5.1.1.5. Die wirtschaftspolitische Lage

Neben den natürlichen, in der Wirtschaftsstruktur Brasiliens begründeten Schwierigkeiten war auch das Fehlen einer ausgefeilten Wirtschaftspolitik an der Entwicklung schuld.

Unter Präsident Kubitschek hatte die Inflation der Jahre 1957—1960 zunächst sehr belebende Wirkung:

Auf kurze Sicht erlaubte sie ein sehr befriedigendes Wirtschaftswachstum, während sich die schädlichen Auswirkungen des Kaufkraftschwundes, des mangelnden Sparaufkommens und des Investitionsmangels erst später bemerkbar machten. Die zunehmende Abschirmung der Wirtschaft nach außen und die Aufrechterhaltung künstlicher Wechselkurse verhalfen diesem System noch zu einer Überlebenschance.

Außerdem verschloß man angesichts der großen außen- und innenpolitischen Erfolge (Ausweitung des Hoheitsgebietes vor den Küsten auf 200 Meilen, Erringung der umstrittenen Vormachtstellung in Südamerika, Bau Brasilias — der sich erst nachträglich zum finanziellen Ruin mauserte —, Ausbau des Verkehrswesens und Erschließung neuer Gebiete besonders durch die Transamazonica) gern die Augen vor den vorhandenen Schwierigkeiten.

Wohl arbeiteten die Finanzberater Kubitscheks gleichzeitig den Metas-Plan für die wirtschaftliche Entwicklung und ein Währungsstabilisierungsprogramm aus. Als man jedoch die Unvereinbarkeit der beiden Pläne miteinander erkannte, entschloß sich Kubitschek zur Bevorzugung der wirtschaftlichen Entwicklung. Die Inflation wurde in der Folge als notwendiges Übel, ja sogar als unabdingbares Mittel zur Finanzierung der Investitionen bezeichnet, die mangels Sparaufkommen sonst nicht durchgeführt werden könnten.

1960—1964 herrschten zudem recht unsichere politische Verhältnisse, in denen sich die Regierungen mit unterschiedlichen wirtschaftlichen Auffassungen rasch abwechselten, was noch zusätzliche Unsicherheit und Verwirrung stiftete.

5.1.2. Maßnahmen zur Inflationsbekämpfung

Sehr bald mußte die Gruppe um Castello Branco die ehrgeizigen Pläne fallen lassen, die Inflationsrate, wie ursprünglich vorgesehen, auf 25 % im ersten Jahr und 10 % im zweiten Jahr nach 1964 zurückzuschrauben.

Ein zweiter Plan mit „Langzeitwirkung“ mußte also erstellt werden, der tiefgreifende Änderungen der Lohnpolitik, des Kapitalmarktes, des Staatshaushaltes und der Preispolitik mit sich brachte.

5.1.2.1. Lohnpolitik

Die Mindestlöhne wurden einmal jährlich berichtigt. Sie wurden aber dabei nicht, wie in der Vergangenheit, im Verhältnis der höchsten monatlichen Inflationsrate des vergangenen Jahres, sondern im Verhältnis des Mittels aus den letzten 24 Monaten erhöht, womit die Lohnentwicklung hinter der Inflation nachhinkte.

Tabelle 12

Vergleich von durchschnittlicher Lohnerhöhung und durchschnittlicher Erhöhung der Lebenshaltungskosten in Brasilien

Jahr	bewilligte durchschnittliche Lohnerhöhung in %	durchschnittliche Erhöhung der Lebenshaltungskosten in %
1966	27,6	53,1
1967	22,1	37,2
1968	23,6	23,6
1969	24,0	22,4
1970	24,0	22,2
1971	22,3	20,5
1972	21,4	19,4
1973	16,1	14,0
1974	20,8	33,0

Aus der Tabelle ist die harte Linie der Regierung klar ersichtlich, die für die meisten Lohnempfänger einen Kaufkraftschwund mit sich brachte.

5.1.2.2. Budgetpolitik

Am Vorabend der Revolution war das brasilianische Budget durch ein Defizit von 1 555 Millionen Cruzeiros gekennzeichnet, was 32 % der Gesamtausgaben ausmachte und fast ausschließlich durch die Banknotenpresse finanziert wurde. Die beiden Hauptziele bestanden nun darin, das Defizit zu verringern und seine Finanzierung zu verbessern.

Die in der folgenden Tabelle aufgezeigte Entwicklung wurde im Grunde mit zwei sehr einfachen Mitteln erreicht, nämlich einer Steigerung des Steueraufkommens und einer Einschränkung der Ausgabenprogression.

Tabelle 13

Entwicklung des Steueraufkommens und der Staatsausgaben in Brasilien

	1965	1966	1967	1968	1969
Einnahmen	3 911	5 910	6 814	10 275	13 953
Ausgaben	4 505	6 539	8 039	11 502	14 709
Saldo	— 594	— 629	— 1 225	— 1 227	— 756
BNP	36 818	53 724	71 486	99 879	157 477
Einnahmen / BNP	10,7 %	10,9	9,5	10,3	8,9
Ausgaben / BNP	12,3 %	12,2	11,2	9,3	9,7
Saldo / BNP	1,6 %	1,2	1,7	1,2	0,48
Saldo / Ausgaben	13,1 %	9,7	15,2	10,6	5,1

	1970	1971	1972	1973	1974
Einnahmen	19 194	26 980	37 738	52 863	76 810
Ausgaben	19 932	27 652	38 250	52 581	72 928
Saldo	— 672	— 738	— 516	+ 282	+ 3 882
BNP	206 565	274 267	359 133	477 163	675 520
Einnahmen / BNP	9,3 %	9,8	10,5	11,1	11,4
Ausgaben / BNP	9,7 %	10,1	10,7	11,0	10,8
Saldo / BNP	0,36 %	0,25	0,14	0,06	0,57
Saldo / Ausgaben	3,7 %	2,4	1,3	0,56	5,3

Auffallend ist, daß die Staatsausgaben im Verhältnis zum BNP zwischen 1965 und 1974 um 1,5 % abnahmen. Das entspricht, neben den schon erwähnten Gründen, auch vollkommen der Absicht der Regierung, das Gewicht des Staates im Wirtschaftsgefüge nicht zu verstärken und keine weiteren wesentlichen Wirtschaftsfunktionen an sich zu ziehen.

Die endgültige Krönung der Bemühungen der Budgetpolitik erfolgte 1973, als der Staatshaushalt zum ersten Mal wieder mit einem Überschuß abgeschlossen werden konnte.

Zwei wichtige Maßnahmen der Regierung sind hier besonders hervorzuheben:

5.1.2.2.1. Erhöhung der Steuereinnahmen

1964 begann man mit einer gründlichen Neuordnung der Steuerverwaltungsbehörden und einer Verbesserung der Kontrollmethoden. Die Ausarbeitung eines EDV-Kontrollsystems, das alle steuerpflichtigen physischen und moralischen Personen erfaßte, erlaubte eine wesentlich schnellere Steuereinhebung.

Gleichzeitig wurde jede Art von Steuerhinterziehung unter empfindliche Strafen gestellt und das System der Steuereinschätzung abgeschafft. Die Einnahmen wurden durch die Einführung der Quellenbesteuerung bei Löhnen, Gehältern, Kapitaleinkünften und ins Ausland überwiesenen Einkommen erzielt. Außerdem belegte man ausständige Steuern mit einem Strafzins und koppelte die Ausstände an die allgemeine Preisentwicklung.

Bei dem Steueraufkommen natürlicher Personen ist eine starke Zunahme zu beobachten, die sich durch die Zunahme der Steuerpflichtigen erklärt. Zwischen 1966 und 1972 stieg ihre Zahl von 166 000 auf 1 949 000. Dadurch konnte der durchschnittliche Steuersatz von 13,5 % auf 7,7 % gesenkt werden.

Die Zahl der veranlagten Gesellschaften stieg zwischen 1965 und 1970 von 106 000 auf 364 000.

Die Regierung steht auf dem Standpunkt, die indirekte Besteuerung zu erleichtern, da dies von unmittelbarer Auswirkung auf die Preise ist.

Eine derartige Erleichterung bei Lebensmitteln und Brennstoffen unter gleichzeitiger Anhebung der Besteuerung von Konsum- und Luxusgütern führte zu einer spürbaren Entlastung der Mindestlohnempfänger.

Diese Politik bewirkte tatsächlich, daß der Anteil der indirekten Steuern an den gesamten Steuereinahmen zwischen 1965 und 1974 von 66,5 auf 61,1 % abnahm (siehe obige Tabelle). Die neueingeführte Mehrwertsteuer half wesentlich, das Gesamtsteueraufkommen im gleichen Zeitraum von 10,7 auf 11,4 % anzuheben[5].

[5] Indexation of Financial Assets, Unveröffentlichte OECD-Studie, Paris 1974-10-22, S. 14.

Tabelle 14

Entwicklung der Steuereinnahmen in Brasilien in Mio. Cruz.

	1965	1966	1967	1968	1969
Gesamteinnahmen (1)	3 912	5 910	6 814	10 275	13 953
Direkte Steuern (2)	1 023	1 340	1 550	2 173	3 598
Indirekte Steuern (3)	2 654	4 288	4 417	7 687	10 402
Verrechnungsposten (4)	230	280	753	416	374
$^2/_1$	26,2 %	22,7	22,7	21,7	25,8
$^3/_1$	66,5 %	72,5	65,0	75,0	75,0
	1970	**1971**	**1972**	**1973**	**1974**
Gesamteinnahmen (1)	19 194	26 980	37 738	52 863	76 810
Direkte Steuern (2)	4 828	6 461	9 380	12 357	19 242
Indirekte Steuern (3)	13 414	17 836	24 840	32 256	46 894
Verrechnungsposten (4)	1 801	3 221	3 675	8 250	10 675
$^2/_1$	25,2 %	24,0	24,8	25,4	23,7
$^3/_1$	70,0 %	66,2	66,6	61,0	61,1

5.1.2.2.2. Einschränkung der Ausgabenprogression

Die bundesstaatliche Ausgabenprogression (ohne Gemeindeausgaben, zum Unterschied von der Tabelle ‚Erhöhung der Steuereinnahmen') nahm zwischen 1966 und 1970 ab und stieg dann wieder an. Dabei sind aber reine Verwaltungsausgaben von Investitionsausgaben (Häfen, Straßen, Kraftwerke, Schulen ...) zu unterscheiden. Erstere betreffen die Beamtenschaft. Die Ausgaben für Beamte wurden sehr eingeschränkt, der Anteil der Investitionsausgaben stieg hingegen von 28 auf 37 %.

Mit der Verringerung des Defizits verbesserte sich auch seine Finanzierung. Statt durch autonome Geldschöpfung konnte dies, mit dem wachsenden Vertrauen in die Währung, in zunehmendem Maße durch privates Sparen geschehen.

Es kam zur Ausgabe von Obligationen und Schatzscheinen. Die Obligationen mit einer Laufzeit von einem, zwei oder fünf Jahren tragen 4 %, 5 % und 7 %, wobei Zinsen und Kapital indexgekoppelt sind. Die Schatzscheine hatten eine ursprüngliche Laufzeit von 42 Tagen, die dann auf 91, 182 und seit 1973 auf 365 Tage ausgedehnt wurde.

Die Ausgabe dieser Wertpapiere nahm im Vergleich zum BNP ständig zu, hielt sich aber in vertretbaren Grenzen; die finanziellen Belastungen hingegen stiegen durch die Indexkoppelung zwischen 1970 und 1972 von 1,9 Mrd. auf 5,4 Mrd. Cruzeiros.

5.1.2.3. Währungspolitik

Vor 1964 verfügten die brasilianischen Finanzbehörden kaum über die Mittel, eine wirkungsvolle Währungspolitik durchzuführen. Damit war bis dahin der Banco do Brazil betraut, dessen öffentliche Funktionen mit denen einer privaten Bank kaum vereinbar waren. 1964 wurde deshalb die Notenbank gegründet, die man dem Nationalen Währungsrat unterstellte. Er arbeitete die Währungspolitik aus, die auf folgenden Leitlinien beruhte:

5.1.2.3.1. Geldmenge

Aus der folgenden Tabelle geht das Bemühen, die Geldmenge (Papiergeld, Münzen- Sichtkonten bei den Banken) im Verhältnis zum BNP konstant zu halten, deutlich hervor.

Darum bemühte man sich vor allem deshalb, weil man erkannt hatte, daß die scharfe Reduktion von 1966 eine Liquiditätskrise verursacht hatte, was für die im Aufbau begriffene Wirtschaft äußerst schädlich war.

Tabelle 15

Entwicklung der Geldmenge in Brasilien in Mio. Cruzeiros

	1965	1966	1967	1968	1969	1970	1971	1972
Geldmenge (1)	9 055	10 482	15 004	21 282	28 349	35 920	47 161	62 537
Jährl. Zunahme	76,5 %	15,8	43,1	42,5	32,6	26,7	31,3	32,6
Nationaler Preisindex	34,5 %	38,3	25,0	25,5	20,1	19,3	19,5	15,7
$\frac{1}{\text{BNP}}$	24,5 %	19,5	21,0	21,4	21,3	20,6	20,2	20,9

Der Papiergeldanteil konnte von 20,2 % auf 16,8 % eingeschränkt werden, da die Sichtkonten bei den Banken im gleichen Maße zunahmen, was vermutlich auf das gesteigerte Vertrauen der Einleger zurückzuführen ist.

5.1.2.3.2. Liquiditätskontrolle

Die Notenbank verfügt heute über drei Mittel, die Liquidität der Banken zu regeln:

— die Diskontpolitik

Der Diskont der Banken bei der Zentralbank erlaubt zweierlei: die Sicherstellung der Liquidität über den Eingriff in das Kreditvolumen und die Möglichkeit sektorieller Eingriffe durch Zinsdierenzierung.

So gibt es heute zur Finanzierung von Erzeugung und Ausfuhr landwirtschaftlicher Produkte und sämtlicher, im Lande erzeugter, zur Ausfuhr bestimmter Waren besonders günstige Rediskontbedingungen.

— die Mindestreserven

Die brasilianische Zentralbank gestattete, daß diese Reserven zur Zeichnung von Schatzscheinen und bis 1970 sogar zur Kreditvergabe an kleine Unternehmen und landwirtschaftliche Betriebe verwendet wurden.

Das geschah, um die Ertragslage der Banken nicht zu sehr zu gefährden, da ihnen gerade in diesen Jahren besondere Anstrengungen bei den Kreditzinsen abverlangt wurden.

— Offenmarkt-Politik

1968 waren das Vertrauen des Publikums in Schatzscheine und Obligationen, ihre Ausgabe in genügendem Maße und ein verringertes Budgetdefizit (zu große Ansprüche des Fiskus hätten den in Entstehung begriffenen Markt gestört) soweit gediehen, daß ein echtes Betätigungsfeld für diese Politik entstand.
Sie erwies sich als anpassungsfähiger und wirkungsvoller als die beiden anderen Instrumente.

5.1.2.4. Preispolitik

Die Hyperinflation machte es unmöglich, auf Preiskontrollen zu verzichten. Sie betrafen vor allem solche Unternehmen, die in ihren Preiserhöhungen nicht nur die natürlichen Kostensteigerungen für Arbeitskräfte, Rohstoffe, Kapital und Energie berücksichtigten, sondern auch die zu erwartende Inflationsrate mit einem kräftigen Aufschlag einkalkulierten.

Das Hauptziel bestand darin, wieder zu natürlichen Verhältnissen zu gelangen, die ausschließlich von Angebot und Nachfrage geregelt werden. Diesem Grundgedanken wurde in den verschiedenen Wirtschaftssektoren auf folgende Weise Rechnung getragen:

— Landwirtschaft

Um der starken Landflucht zu begegnen — die Bauern zogen in die Stadt, wo ohnedies schon viele der ungelernten Arbeiter arbeitslos waren —, mußten die Einkommen in der Landwirtschaft erhöht werden.

Andererseits waren zu starke Preiserhöhungen, ausgelöst durch die Entwicklung am Weltmarkt, zu vermeiden. Das führt ohne Produktionssteigerungen zu kräftigen Erhöhungen der Binnenpreise, was wiederum die Inflation anheizt. Mit Exportkontrollen und Mindestpreisen versuchte man, diesen widersprüchlichen Zielen gerecht zu werden.

Die Regierung garantierte den Erzeugern landwirtschaftlicher Produkte die Abnahme zu Mindestpreisen und übernahm damit das Risiko von Preisstürzen auf dem Weltmarkt.

Preissteigerungen auf dem Weltmarkt bewirken so bedeutende Ausfuhrsteigerungen, daß die Binnenpreise durch die entstehende Knappheit ebenfalls steigen. Nach einer derartigen Preisangleichung ist dann der nächste Preissturz am Weltmarkt doppelt spürbar:

Die Ergebnisse davon sind dann Plantageneinebnungen und Erntevernichtungen, die als Ausgleich natürlich vollkommen ungeeignet sind.

Zur Abwehr dieser Möglichkeiten führte die Regierung zwei Maßnahmen ein:

Lagen die Weltmarktpreise über den Binnenpreisen, so wurden bei der Ausfuhr Exportzölle eingehoben, was bei Kaffee, Kakao und Fleisch noch heute geschieht. Außerdem waren bei der Ausfuhr von Sisal, Baumwolle, Soja, Kakao und Leder mengenmäßige Beschränkungen vorgesehen. Dank dieser Maßnahmen blieb die Entwicklung der Großhandelspreise in der Landwirtschaft bis 1969 hinter der aller übrigen Preisindizes zurück. Durch die Einkommenssteigerung der landwirtschaftlichen Bevölkerung und der Hausse auf dem Weltmarkt, die nicht mehr vollkommen abgewehrt werden konnte, holte dieser Index inzwischen wieder sehr auf.

— Industrie

Gab es bis 1964 nur bei der verstaatlichten Industrie eine Preiskontrolle, so wurde diese seither auf alle Industriebetriebe ausgedehnt, was aus folgenden Gründen geschah:

In der Zeit der Hyperinflation konnten die Betriebe ihre Preise beliebig erhöhen und dachten deswegen kaum daran, die steigenden Kosten durch mögliche Rationalisierungen aufzufangen.

Die Marktenge behinderte die wirtschaftliche Serienfertigung in der Konsumgüterindustrie entscheidend und die außergewöhnliche Landesgröße verschaffte den regionalen Betrieben praktisch Monopolstellungen, die noch durch starke Zollmauern geschützt wurden. Noch im Mai 1972 betrug der durchschnittliche wertmäßige Einfuhrzoll 62 %.

Aus diesen Gründen achtete man hinkünftig besonders auf die Unterbindung ungerechtfertigter Preiserhöhungen, was Aufgabe einer eigens zu diesem Zweck geschaffenen Kommission war.

Im Februar 1965 wurden die Unternehmer aufgefordert, unter gewissen Zugeständnissen (Steuerstundung, erleichterte Auslandskreditaufnahme, Diskonterleichterungen, zusätzliche Kreditaufnahme) ihre Preiserhöhungen für das laufende Jahr freiwillig auf 15 % zu beschränken.

70 % der Unternehmen kamen dieser Aufforderung nach, was bei einer allgemeinen Preissteigerung von 38,3 % einen großen Erfolg bedeutete. Als man aber die Unternehmen im folgenden Jahr — wieder auf freiwilliger Basis — auf 10 % festlegen wollte, folgten wegen der damaligen Liquiditätsenge (siehe auch Tabelle ‚Geldmenge'), der Wirtschaftsflaute und angesichts der 1965 erbrachten Anstrengungen nur mehr wenige.

Aus diesem Grund gestattete die Regierung ab 1967, die Industriepreise mit dreimonatiger Verspätung im Verhältnis der Entwicklung des Großhandelspreisindexes anzuheben. Das Unterschreiten dieses Limits wurde mit Steuererleichterungen belohnt, während Überschreitungen Steuererhöhungen nach sich zogen.

Schon bald sollte man jedoch von diesem System wieder abkommen. Die Industriellen beklagten die Einseitigkeit des Index, der nur 72 Waren umfaßte, den Kaffee, dessen Preis aus politischen Gründen von der Regierung niedrig gehalten wurde, überdurchschnittlich berücksichtigte und einzelnen Wirtschaftszweigen nur ungenügend Rechnung trug.

Ab 1968 war deswegen für jede Preiserhöhung bei der schon erwähnten Preiskommission einzukommen, wobei die Preisentwicklung aller in das Enderzeugnis eingegangenen Größen wie Rohstoffe, Energie- und Finanzierungskosten und Löhne genauestens anzuführen ist. Der Gewinnanteil kann bei 70—80 %iger Kapazitätsauslastung gleich bleiben. Alle anderen Preiserhöhungen sind mangels offizieller Rechtfertigung untersagt.

Bei Übertretung der aufgezeigten Richtlinien sind einschneidende Maßnahmen vorgesehen, die bis zur Kreditaufkündigung und einer Betriebsprüfung durch staatliche Steuerkontrollorgane reichen, was in diesem Fall mit einer Betriebsschließung gleichzusetzen ist.

— Handel und Dienstleistungen

Im Handel sind die Preiskontrollen weniger scharf als im industriellen Bereich und bestehen überhaupt erst seit 1968. Damals legte man fest, daß die Preissteigerungen nicht über ihrem Mittel der beiden vergangenen Jahre liegen dürfen. 1973 führte die Regierung einen großen Aufklärungsfeldzug durch, in dem auch der Letztverbraucher auf seine Verantwortung im Kampf gegen die Inflation aufmerksam gemacht wurde. Er soll im verstärkten Maße dort kaufen, wo die Waren am billigsten sind. Diese Aufforderung hat bei den Kaufleuten und besonders in den Supermärkten nachweisbar zu größeren Anstrengungen geführt.

Dem Dienstleistungssektor mußte man wieder größere Aufmerksamkeit schenken, da seine Preissteigerungen neben denen in der Landwirtschaft ab 1969 die Hauptursache des Lebenshaltungskostenanstiegs waren, woran seine Unwirtschaftlichkeit die Schuld trug.

Seit 1969 können die öffentlichen Dienste ihre Erhöhungen nicht mehr frei festlegen, sondern sind ebenfalls an die Preiskommission gebunden. Im privaten Dienstleistungsbereich hat man aus verwaltungstechnischen Gründen bis heute auf gleichartige Maßnahmen verzichtet.

5.1.2.5. Ergebnisse

Die Einschränkung der Inflation durfte nicht auf Kosten der wirtschaftlichen Entwicklung geschehen. Seit 1967 kam man sogar stillschweigend überein, ein starkes gleichmäßiges Wirtschaftswachstum im Zweifelsfall über die Inflationsdrosselung zu stellen.

Da jedoch das Wirtschaftswachstum Verschiebungen in den Einkommensstrukturen mit sich brachte und sogar den sozialen Frieden gefährdete, mußte man auch hier gewissen Einschränkungen gerecht werden[6].

5.1.2.5.1. Preisentwicklung

Die allgemeine Darstellung der Preisentwicklung durch Indizes ist in Brasilien schwierig. Durch die gewaltige räumliche Ausdehnung und die strukturelle Verschiedenheit der Regionen ergeben sich bei Verbrauchsgewohnheiten und Preisentwicklungen bedeutende Unterschiede. Der Nationale Verbraucherpreisindex ist daher ein Mittel aus mehreren Indizes:

Der Großhandelspreisindex, der Einzelhandelspreisindex und der Baukostenindex in Rio werden mit 60, 30 und 10 % gewichtet und ergeben den von der Getulio Vargas Stiftung errechneten Nationalindex. Rio wählte man, weil in den Städten Rio und Sao Paulo die geringsten Preisentwicklungen zu beobachten sind, da diese Verbrauchermärkte besonders nahe den Produktionsstätten liegen.

Der überregionalen Entwicklung wurde man im Großhandelspreis (teilweise) gerecht, der 10 von 24 Regionalstaaten umfaßt. Deswegen ist die tatsächliche Inflationsrate mit Sicherheit immer höher anzusetzen als die schon angegebenen Werte. Eine genaue Messung im westeuropäischen Sinn ist nicht zu erwarten.

5.1.2.5.2. Wirtschaftswachstum

Hier gibt es keine derartigen Messungsschwierigkeiten, weswegen die folgenden Zahlen als verläßlicher anzusehen sind.

Tabelle 16

Wirtschaftswachstum in Brasilien

	1967	1968	1969	1970	1971	1972	1973	1974
Produktionszunahme i. d. Landwirtschaft	5,7 %	1,5	6,0	5,6	11,4	4,1	3,5	8,5
Produktionszunahme i. d. Industrie	3,0 %	13,2	10,9	11,1	11,3	13,8	15,0	8,2

Die Zunahme ab 1968 konnte dank der Industrie erreicht werden, die sich den Weltmärkten öffnete. Die Landwirtschaft entwickelte sich im Mittel schwächer und wesentlich unregelmäßiger.

[6] *Stoleru*, Lionel: Le modèle brésilien, in: Investir Nr. 11, Paris 1974-04-08.

5.1.2.5.3. Einkommensverteilung

Der Wirtschaftsfachmann Carlos Langoni führte im Auftrag der Regierung die bis heute verläßlichste Erhebung[7] durch, die nur die direkten Einkommen erfaßt und für den Zeitraum zwischen 1960 und 1970 gültig ist.

Tabelle 17

Mittleres monatliches Einkommen in Brasilien in Cruz. 1970

Einkommens-klasse	Monatl. Einkommen 1970	1960a)	Zunahme
unter 40b)	60	71	18,33 %
20	142	153	7,74 %
über 40	385	563	46,23 %
unter 10	25	32	28,00 %
über 10	815	1320	66,87 %
Mittel	206	282	36,86 %

a) Der Deflator des BNP wurde hier angewendet.
b) ‚unter 40' bedeutet, daß es sich um die Schichte von 40 % der Lohnempfänger mit den niedrigsten Einkommen handelt.

Diese Aufstellung erlaubt drei Feststellungen:

— bei allen Schichten kann eine reale Erhöhung festgestellt werden, die aber von Schicht zu Schicht sehr unterschiedlich ist;

— das Lohngefälle verstärkte sich in diesem Zeitraum, der Unterschied der Zunahme zwischen den obersten und den untersten 10 % verstärkte sich von 32,6 auf 42,5 %;

— die Empfänger der mittleren Einkommen schnitten am schlechtesten ab.

Eine Aufschlüsselung des mittleren Realeinkommens nach Regionen ergibt, daß die Steigerung in den reichsten und ärmsten Gebieten am bedeutendsten war, wogegen die mittleren Regionen verhältnismäßig zurück blieben.

Das kann damit erklärt werden, daß die Regierung die Einkommenssteigerung in den ärmsten Gebieten besonders förderte, während in den reichsten Gebieten vor allem der Facharbeitermangel die Löhne hochtrieb.

[7] Distribuicao da Renda e Desinvolvimento, Rio 1973.

5.1.3. Berichtigungen der Inflationsauswirkungen durch allgemeine Indexkoppelung

Seit 1964 dehnte man die Währungskorrektur allmählich auf alle Wirtschaftsbereiche aus. Sie wurde, gemeinsam mit anderen Maßnahmen, als ein Mittel im Kampf gegen die Inflation angesehen, wobei sich vier Hauptmaßnahmen unterscheiden lassen:

— Indexkoppelung des Sparaufkommens

— Indexkoppelung der Geldschulden

— Aufwertung der Bilanzen

— Einführung des freien Wechselkurses

Die Indexkoppelung stellt also nur einen Teil jener Maßnahmen dar, die man unter dem Begriff der Währungskorrektur zusammenfaßte.

5.1.3.1. Indexkoppelung des Sparaufkommen

1964 stand das Sparen fast auf dem Nullpunkt. Die Mittel wurden vor allem in Immobilien angelegt, während das für die Wirtschaftsentwicklung so dringend benötigte langfristige Sparkapital fehlte.

Ursprünglich hoffte die Regierung, diesem Zustand durch steuerliche Anreize abhelfen zu können. Als aber selbst unmittelbare Steuernachlässe zu keinem Ergebnis führten, griff man zur Indexkoppelung, deren Zweck darin gesehen wurde, dem Sparer die Kaufkraft seines Kapitals zu erhalten. Dabei ist zwischen einer Koppelung im nachhinein bei langfristigen Bindungen und einer solchen im voraus für kurzfristige Anlagen zu unterscheiden.

5.1.3.1.1. Indexkoppelung im nachhinein

Sie betraf die Staatsanleihen, die von privaten und institutionellen Anlegern erworben wurden, Pfandbriefe, Festgelder und das durch Zwangssparen eingehobene Kapital[8].

Bis 1972 wurde dieses langfristig (in Brasilien bedeutet langfristig 12 Monate übersteigend) angelegte Kapital alle 3 Monate angeglichen.

---

[8] Seit 1966 haben alle Unternehmen 8 % der Lohnsumme der Nationalen Baubank zu überweisen. Über diese, der Wohnbaufinanzierung gewidmeten Mittel können die Lohnempfänger nur im Sonderfall (Arbeitslosigkeit, Pensionierung, Wohnungskauf, Tod) verfügen.

Außerdem besteht seit 1970 in jedem Unternehmen ein sogenannter Expansionsfonds, in den jährlich zwischen 0,15 und 0,5 % des Umsatzes und 2—5 % des Gewinnes abgeführt werden müssen. Diese Mittel werden von einer bundesstaatlichen Wirtschaftskasse verwaltet und sind für besondere wirtschaftliche Investitionen vorgesehen. Sie gehören den Arbeitern, die dafür wie im ersten Fall des Zwangssparens 3 % real bekommen. Die Verfügbarkeit ist aber ebenfalls nur unter den schon genannten Bedingungen erreichbar.

Da man aber in einer Zeit der abnehmenden Inflation die Inflation auf diese Weise weiterschleppt, griff man zu einer neuen Lösung. Man berichtigte seit Beginn 1973 mit einem Mittel aus dem bis dahin allein gültigen Großhandelspreisindex und der offiziellen, in den Wirtschaftsplänen vorgesehenen Inflationsrate.

5.1.3.1.2. Indexkoppelung im vorhinein

Sie betrifft Festgelder, Wechsel und Schatzscheine mit Fälligkeiten bis zu einem Jahr. Vom Finanzministerium wird im voraus ein Satz festgelegt (der in den letzten Jahren regelmäßig von der tatsächlichen Inflationsrate überschritten wurde), mit dem diese Beträge bei Fälligkeit aufzuwerten sind. Diese Vorgangsweise hat mit einer echten Indexkoppelung nichts zu tun.

5.1.3.1.3. Auswirkungen

Aus den beiden folgenden Tabellen ist der Aufschwung, den die der Indexkoppelung im nachhinein und im voraus unterworfenen Sparformen genommen haben, klar ersichtlich.

Tabelle 18

Entwicklung der der Koppelung im vorhinein unterworfenen Sparformen in Mio. Cruzeiros (wertberechtigt)

	1964	1965	1966	1967	1968	1969	1970	1971	1972
Wechsel	245	695	906	2 105	4 558	6 172	9 756	14 390	22 730
Terminkonten über 12 Monate	—	—	141	469	1 055	1 938	4 283	9 310	16 488
Summe	245	695	1 047	2 574	5 613	8 110	14 039	23 700	39 218

Tabelle 19

Entwicklung der der Koppelung im nachhinein unterworfenen Sparformen in Brasilien in Mio. Cruzeiros (wertberechtigt)

	1967	1968	1969	1970	1971	1972
Anleihen	2 013	2 535	4 000	6 306	7 446	10 576
Pfandbriefe	140	461	922	1 724	2 762	4 566
Terminkonten über 12 Monate	66	342	887	2 106	3 784	7 859
Zwangssparen	592	1 600	2 824	4 338	6 899	11 701
Summe	2 811	4 938	8 633	14 474	20 891	34 702

Das ist allerdings nicht der Indexkoppelung allein zugute zu halten, sondern im Zusammenhang mit den schon erwähnten Steuererleichterungen, die trotz Indexkoppelung voll weiterbestanden, einer Verbesserung der Sparneigung und einer durch die Wirtschaftspolitik nach 1964 erreichten allgemeinen Gesundung zu sehen.

5.1.3.2. Indexkoppelung von Geldschulden

Sie ist die natürliche Folge der Indexkoppelung des Sparaufkommens. Der Sparer begrüßt eine derartige Regelung, der Kreditnehmer hingegen weiß nie, wie hoch seine Kreditkosten sein werden und muß daher der hohen Rentabilität seines Vorhabens sicher sein. Diese Politik mußte zwangsweise die Konkurszahlen in die Höhe treiben.

Auch die Finanzinstitute waren gegen diese Maßnahme eingestellt. In Zeiten starker Inflation konnten sie auf unauffällige aber wirkungsvolle Weise ihre Gewinnspanne ausdehnen. Durch die neue Regelung wurden die zugestandenen Spannen von den Aufsichtsbehörden klar festgelegt und oft sogar gekürzt.

Trotz dieser Widerstände setzte sich die Regierung mit ihrem Ziel, das Sparen unter allen Umständen zu fördern, durch.

5.1.3.2.1. Indexkoppelung von Krediten an Unternehmen

Auch hier gibt es eine Koppelung im voraus für kurzfristige Kredite (bis 12 Monate), wobei sich der Zins aus einem von der zu erwartenden Inflation abgeleiteten Satz und einem festen Zuschlag zusammensetzt. Langfristige Kredite werden in 3-Monatsabständen im nachhinein an den Großhandelspreisindex gebunden.

Die Hauptursache für die noch immere sehr teuren Kredite sind aber die hohen Personal- und Verwaltungskosten in staatlichen und privaten Banken.

In der Zeit der Hyperinflation erhöhte man unbeschwert den Personalstand, erbrachte viele kostenlose Dienstleistungen, um die niedrig verzinsten Einlagen in der Bank zu halten, und gründete unbesorgt Filialen, ohne sich besonders um den tatsächlichen Bedarf zu kümmern. Durch die neuen Maßnahmen wurde ihnen ihre mangelnde Wirtschaftlichkeit bewußt. Die Regierung ermutigte deshalb auch Zusammenschlüsse: Zwischen 1964 und 1974 schrumpfte die Zahl der Banken von 335 auf 109[9].

---

[9] Le modèle brésilien, va-t-il changer?, Kundenbrief der Bank of Boston, Paris, September 1974.

5.1.3.2.2. Privatkredite

Darunter fallen nur Bankkredite zum Erwerb oder dem Bau von Wohnungen. Die Höchstsumme ist auf 500 Mindestmonatslöhne beschränkt. Damit ist nur an bescheidene Unterkünfte zu denken. Als Sozialleistung gedacht, erstreckt sich die Rückzahlung über einen sehr langen Zeitraum.

Nach mehreren Versuchen gelangte man Anfang 1970 zu folgender Lösung:

Die Nationale Baubank regelt die Zuteilung dieser Kredite und beschafft sich die dazu notwendigen Mittel durch Ausgabe von Pfandbriefen und Bausparbüchern, deren Einlagen langfristig gebunden sind; außerdem verfügt sie über die schon erwähnten 8 % der Lohnsummen.

Die Rückzahlung innerhalb von 15—25 Jahren bei einem realen Satz von 1—10 % (je nach der wirtschaftlichen Lage des Kreditwerbers) ist mit der Entwicklung des Mindestlohnes gekoppelt.

5.1.3.2.3. Steuern und Sozialabgaben

Seit 1964 werden alle Schulden dieser Art wie die Obligationen vierteljährlich aufgewertet. Das geschieht allerdings erst nach einer Verzugsfrist von 6 Monaten und ist im Höchstfall auf 30 % der Gesamtschuld beschränkt.

5.1.3.2.4. Mieten

Bestandsverträge können, wenn nicht ausdrücklich von den Parteien anders beschlossen, an die Entwicklung des Mindestlohns gebunden werden. Zwei Monate nach der beschlossenen Lohnerhöhung dürfen die Mieten im entsprechenden Verhältnis angehoben werden. Um jede plötzliche Belastungszunahme zu vermeiden, ist die Mietenerhöhung in den folgenden 3 Monaten in gleichmäßigen Stufen bis auf die bewilligte Höhe anzuheben.

5.1.3.3. Aufwertung der Bilanzen

Zeiten starker Inflation sind für die Aussagefähigkeit des betrieblichen Rechnungswesens von großer Bedeutung. Läßt man die Geldentwertung vollkommen außer Ansatz, kann es zu einer Vorspiegelung falscher Gewinne im Sinne der Substanzerhaltung kommen, Rentabilitäts- und Investitionsrechnungen sind verfälscht, da stets die kurzfristigen Vorhaben am günstigsten erscheinen, die Steuerveranlagung stützt sich auf Scheingewinne, weil die Wertminderung des langfristigen Anlagevermögens nicht richtig erfaßt wird, und bei der Gewinnverteilung kann es sich in Wirklichkeit um eine versteckte Grundkapitalausschüttung handeln.

Diese Gründe bewogen die Regierung 1964, die Gesellschaften zur Bilanzaufwertung zu verpflichten, was nur die natürliche Folge davon ist, sie in den Kreis indexgekoppelter Kredite und Anlageformen einzuspannen.

Sowohl das Anlagevermögen als auch die Abschreibungen der vergangenen Jahre sind daher alljährlich gemäß einem Koeffizienten aufzuwerten, der vom Ministerium für Planung und Kooperation veröffentlicht wird, wobei der Großhandelspreisindex als Grundlage dient.

Die so errechneten Größen gehen in die Gewinn- und Verlustrechnung ein. Die Lagerbestände bleiben von dieser Maßnahme ausgeschlossen, um die Bildung von Beständen zu vermeiden (was an sich schon die Preise hoch treibt), die bloß zum Zweck der Gewinnminderung gehalten werden.

5.1.3.4. Einführung des freien Wechselkurses

Bis 1968 wurde der Wert des Cruzeiros stets in einem festen Verhältnis zum US-$ ausgedrückt und folgte überdies genau seiner Kursentwicklung.

So wurde der Cruzeiro 1964 viermal um insgesamt 204,2 %, 1965 um 20,5 %, 1967 um 22,7 % und 1968 um 18,5 % abgewertet. Jedoch gaben selbst diese Abwertungen den Wertverfall nur ungenügend wieder.

Die Regierung wollte absichtlich eine zu starke Verteuerung des US-$ vermeiden, weil dadurch die unabdingbar notwendigen Einfuhren noch teurer geworden wären. Deswegen wurden diese Abwertungen nicht nur durch das Verhältnis zum US-$, sondern auch von den Preisentwicklungen in Brasilien und bei seinen wichtigsten Handelspartnern, den Zunahmen von Aus- und Einfuhr, der Zahlungsbilanz und dem Stand der Währungsreserven bestimmt.

Ab 1968 führte man den freien Wechselkurs ein, um Spekulationen zu vermeiden, eine gleichartige Entwicklung wie bei der Indexkoppelung zu erreichen und den jede Abwertung begleitenden Unruhen aus dem Weg zu gehen.

Beim festen Wechselkurs spielte die Spekulation eine große Rolle. Tauchten Abwertungsgerüchte auf, zahlten die Importeure viel schneller, während die Exporteure die Faktoren so spät wie möglich zahlbar stellten.

Für viele Spekulanten und Unternehmen, die über Kapital verfügten, bot der Devisenkauf bei gleichzeitiger Hintergehung der bestehenden

Devisenbestimmungen hervorragende Verdienstmöglichkeiten. Das nahm solche Ausmaße an, daß der Entzug des für Investitionen bestimmten Kapitals schmerzhaft spürbar wurde.

Auf diese Weise erreichte man auch eine Art Indexkoppelung für das Auslandskapital. Da man auf die seit 1968 besonders stark hereinströmenden ausländischen Investitionsgelder Rücksicht nehmen mußte, erfaßte man bei der Zentralbank ihren Wert zum Investitionszeitpunkt. Den gleichen Wert dürfen die ausländischen Firmen langfristig wieder ausführen.

Bei einem freien Wechselkurs ist die Erfassung des Wertes im Augenblick der Kapitaleinfuhr wesentlich genauer als vorher, als der Wechselkurs unter den schon erwähnten Bedingungen festgesetzt wurde. Die Einführung des freien Wechselkurses ist in oftmaligen Paritätenänderungen im Verhältnis zum US-$ zum Ausdruck gekommen[10]:

1962 wurde der Cruzeiro um 18,9 %, 1969 um 13,3 %, 1970 um 13,8 %, 1972 um 10,4 %, 1973 um 0,5 % und 1974 um 18,9 % abgewertet. Die Abwertung betrug zwischen 1. 1. 75 und 9. 7. 75 9,2 %.

Sieht man von 1964 ab, so ist die rückläufige Geldentwertung auffällig. Sie entspricht aber nicht ganz der Wirklichkeit, da das die Abwertungsraten im Vergleich zum Dollar sind. Dabei kommt aber sowohl die ansteigende Inflation und der allgemeine Dollarkursrückgang als auch eine gegenläufige Entwicklung im Land selbst zum Ausdruck. Anläßlich der US-$-Abwertung vom 13. 2. 1973 löste man sich vollkommen von dieser Währung.

Damals wurde der Cruzeiro zum ersten Mal um 3,1 % aufgewertet. Das geschah aus zwei Gründen.

Der US-amerikanische Anteil am Außenhandel, der in den Jahren 1966 bis 1970 durchschnittlich 31,6 %[11] ausmachte, ging 1973 auf 23,0 % zurück, während der EWG-Länderanteil von 24,5 auf 32,5 % stieg. Außerdem war damals schon erkennbar, daß sich der Dollar zu einer schwachen Währung entwickeln werde. Der Cruzeiro mußte deshalb Abwertungen mitmachen, die nicht mehr durch innerbrasilianische Schwierigkeiten bedingt sind.

Diese Politik war aber nur möglich, weil Brasilien nicht unter den Artikel 14 des Internationalen Währungsfonds fällt und daher auch nicht an die vollständige Einhaltung der Statuten des Fonds gebunden ist.

---

[10] *Colo*, G.: Les „mini-dévaluations“ du Cruzeiro, in: Moniteur du Commerce International Nr. 1060, Paris ,Juni 1971.

[11] Es handelt sich hier und bei den folgenden Zahlen stets um das Mittel aus dem Einfuhr- und dem Ausfuhranteil.

Zwei Umstände sind für die brasilianische Wirtschaft von besonderer Bedeutung:

— die schwachen Handelsverbindungen zu den Nachbarländern; der Außenhandelsanteil aller lateinamerikanischen Länder machte 1974 nur 9,7 % aus. Daher haben die häufigen Abwertungen dieser Länder wenig Bedeutung;

— die Einseitigkeit der Ausfuhren; 1974 stellten die Fertigerzeugnisse wertmäßig nur 26,7 % der Exporte dar (1968: 9,0 %), die zum überwiegenden Teil von multinationalen Gesellschaften in Industrieländer ausgeführt werden.

5.1.4. Zusammenfassung

Brasiliens Kampf gegen die Geldentwertung war in der Vergangenheit von Erfolg gekrönt. Die Hyperinflation konnte auf Raten von 10 bis 15 % gedrückt werden.

Diese Erfolge werden auch keineswegs bestritten, die Art ihrer Erreichung läßt aber an der Übertragbarkeit dieser Erfahrungen auf andere Länder Zweifel aufkommen.

Die Ergebnisse waren nur auf Grund folgender Gegebenheiten möglich:

— aufgrund der politischen Verhältnisse verfügten Minister und Wirtschaftsfachleute über ungewöhnlich weitreichende Vollmachten, wie das in anderen Ländern kaum der Fall ist;

— die soziale Lage ist recht friedlich. Die Gewerkschaften haben sich ruhig zu verhalten, weswegen Streiks selten sind. Dadurch konnten weiten Kreisen der Lohnempfänger besonders zwischen 1964 und 1967 erhöhte Anstrengungen auferlegt werden, wobei ein Überangebot an Arbeitskräften — ausgenommen Techniker und Facharbeiter — von großer Bedeutung war;

— in den Industriebetrieben ermöglichten die Beseitigung innerbetrieblicher Verlustquellen und eine allgemeine Produktionsausweitung (die durch die Entstehung neuer Käuferschichten möglich war) bedeutende Produktivitätssteigerungen.

Nur vor diesem Hintergrund ist der Erfolg einer Politik möglich, die sich aller, zur Inflationsbekämpfung geeigneter Maßnahmen bediente:

— die Liquiditätskontrolle der Banken; sie ersparte den Finanzinstituten im allgemeinen schmerzhafte Überraschungen. Um ihre ohnehin schon angespannte Lage nicht noch weiter zu verschärfen, wurde die Kontrolle mit großem Fingerspitzengefühl gehandhabt, wobei die Mindestreserven zeitweise sogar zur Kreditgewährung verwendet werden konnten.

— die Offenmarkt-Politik: dazu mußte erst ein Markt geschaffen werden. An seinem Funktionieren ist heute kein Zweifel mehr möglich.

— die Budgetpolitik; eine grundlegende Erneuerung des Steuerwesens und die rasche Bevölkerungszunahme, begleitet von einem wirtschaftlichen Aufschwung, ermöglichten Steuersenkungen bei gleichzeitiger Anhebung der Einnahmen. Auf der Ausgabenseite ist die Zunahme der Investitionsausgaben unübersehbar.

— die Lohnpolitik, die breiten Schichten spürbare Rückgänge ihrer Realeinkommen brachte.

— die Preispolitik; durch die Errichtung einer Preiskommission konnten ungerechtfertigte Preiserhöhungen verhindert werden. Zum Mittel des Preisstops wurde nie gegriffen.

Neu ist die Art der Verknüpfung von Lohn- und Preispolitik. Preiserhöhungen waren stets im Maße der staatlich bewilligten Lohnerhöhungen geduldet. Preiskontrollen an sich besaßen aber nur ergänzenden Charakter und sollten vor allem den mangelnden Wettbewerb ausgleichen. Ihre Anwendung war von Sektor zu Sektor verschieden; teilweise ging man auch auf die Verhältnisse in einzelnen Betrieben ein. Deswegen stieß diese Politik allgemein auf wenig Widerstand. Die wichtigste Neuerung bestand aber darin, die Auswirkungen der Geldentwertung durch eine allgemeine Indexkoppelung auszugleichen. Die Verantwortlichen weisen darauf hin, daß darunter kein eigentliches Mittel im Kampf gegen die Inflation selbst, sondern vielmehr eine Art Überbrückungsmaßnahme zu verstehen ist. Die Indexkoppelung verhindert nur den Kaufkraftschwund, ändert aber an den wirklichen Inflationsursachen gar nichts.

Die Frage lautet nun, ob durch diese Korrektur der Inflation das Bemühen um ihre tatsächliche Bekämpfung erlahmt. Das Beispiel Brasilien scheint zu beweisen, daß die Regierung trotz allgemeiner Indexkoppelung nach wie vor die Geldwertstabilität mit allen ihr zur Verfügung stehenden Mitteln sicherstellen will.

5.2. Finnland

Auch Finnland zählt zu jenen Ländern, in denen von der allgemeinen Indexkoppelung der umfassendste Gebrauch gemacht wurde. Aus der folgenden Darstellung der Entwicklung der Indexkoppelung, die in diesem Land aus bescheidenen Ansätzen zu einem System führte, das schließlich alle Wirtschaftsbereiche erfaßte und mit der Aufhebung aller Indexklauseln im Jahre 1968 ihr Ende fand, lassen sich wertvolle Erfahrungen von allgemeiner Gültigkeit gewinnen.

5.2.1. Anfänge

Zur Erklärung des Auftauchens der ersten Indexbindungen ist ein kleiner geschichtlicher Rückblick unerläßlich. Finnland wurde Ende 1939 durch die Invasion der Russen in den zweiten Weltkrieg hineingezogen und konnte sich den Frieden erst 1944 durch außerordentliche Zugeständnisse erkaufen.

Zur gleichen Zeit, also zwischen Dezember 1939 und Dezember 1944, stieg der finnische Lebenshaltungskostenindex von 110 auf 196 (Juli 1939 = 100), der Großhandelspreisindex von 121 auf 278 und das Monatsmittel des Banknotenumlaufes von 3 933 auf 15 566 Millionen Finnmark (FM)[12].

Nach dem Krieg war die Wirtschaft durch politische Unsicherheit, soziale Unruhen und vor allem die drückenden Reparationszahlungen erneut auf das Schwerste belastet, was die starken Inflationsraten in dieser Zeit eindrucksvoll unterstreichen.

Von Dezember 1944 bis Dezember 1951 stiegen der Großhandelspreisindex von 278 auf 1 708, der Lebenshaltungskostenindex von 196 auf 1 209 und der Notenumlauf von 15 566 auf 44 391 Mio. FM[13]. Die ursprünglichen Befürchtungen offizieller Kreise bezüglich einer anhaltenden Inflation erwiesen sich damit als vollkommen begründet.

Neben den Reparationszahlungen in der Höhe von 500 Mio. $, die schon 1952 getilgt waren, mußten die Finnen auch der Abtretung ganz Kareliens und Teilen Lapplands zustimmen.

Damit verloren sie den Zugang zum Eismeer und 10 % ihres Landes, in dem sich allerdings 24 % der finnischen Industrieanlagen befanden[14].

Die rund 500 000 Karelienflüchtlinge wurden vom Staat für ihre verlorenen Güter in degressivem Maß entschädigt. Angesichts der verzweifelten Lage des Staatshaushaltes konnte nur ein kleiner Teil davon bar bezahlt werden. Der größte Teil wurde durch die Ausgabe von Anleihen in der Gesamthöhe von 180,17 Mio. FM geregelt[15].

---

[12] The Index Clause System in the Finnish Money and Capital Markets, Studie der Bank of Finland, Helsinki, Jänner 1969, S. 2.

[13] *Junnila*, Tuure: Finland Introduces the Index Clause in Deposit and Credit Business, in: Economic Review Nr. 4 der Konsallis-Osake-Pankki, Helsinki 1955, S. 174.

[14] *Delmas*, Claude: La Finland en liberté surveillée, in: Spectacle du Monde, Paris, Mai 1974. S. 56—60.

Die schlechten Erfahrungen während der Kriegsjahre überzeugten die maßgeblichen politischen Kreise von der Tatsache, daß es durch Inflationsraten, die den Zinssatz übersteigen, zu einer Vermögensumverteilung von Gläubigern zu Schuldnern kommt.

Gerade davor wollte man aber die Flüchtlinge schützen[16]. Aus sozialen Gründen entschloß man sich daher, in diesem Fall den Nominalwert der Entschädigungsanleihen zu 100 % an die Entwicklung des Großhandelspreises zu binden. Diese Anleihen waren in spätestens 10 Jahren zu tilgen und machten zeitweise den Hauptanteil des Börsenumsatzes in Helsinki aus.

Tabelle 20

Staatsentschädigungsanleihen in Finnland in Mio. FM[17]

	zu Jahresende ausstehend			während des Jahres ausgegeben		
	insgesamt	indexgebunden	%	insgesamt	indexgebunden	%
1945	49,93	0,78	1,6	3,62	0,78	21,5
1946	119,84	81,83	86,3	91,25	90,88	99,6
1947	145,33	115,74	79,6	57,41	54,51	94,9
1948	130,00	109,30	84,1	12,65	12,11	95,7
1949	113,66	93,97	82,1	7,83	7,75	99,0
1950	98,50	79,77	81,0	5,69	5,66	99,5
1951	81,75	64,00	78,3	3,15	3,15	100,0
1952	65,34	48,56	74,3	3,46	3,46	100,0
1953	48,54	32,73	67,4	0,53	0,53	100,0
1954	30,77	16,54	53,8	0,78	0,78	100,0
1955	14,23	0,21	1,5	1,33	0,56	42,1
1956	22,68	0,11	0,5	9,53	—	—
1957	29,47	0,06	0,2	12,18	—	—
1958	30,09	0,02	0,1	10,14	—	—
1959	23,23	—	—	1,49	—	—
1960	15,53	—	—	0,22	—	—
1961	7,70	—	—	0,03	—	—
1962	6,52	—	—	—	—	—
1963	4,53	—	—	—	—	—
1964	2,54	—	—	—	—	—
1965	0,57	—	—	—	—	—
1966	0,56	—	—	—	—	—
1967	0,56	—	—	—	—	—

[15] *Sturc*, Ernest: Stabilization Policies: Experience of Some European Countries in the 1950's in: Staff Papers Vol. XV, Nr. 2 des International Monetary Fund, Washington, Juli 1968, S. 210 ff.

[16] *Junnila*, Tuure: Finland introduces, S. 174.

[17] The Index Clause System: S. 2—3.

Der Vollständigkeit halber seien noch jene Anleihen erwähnt, die 1939/40 zur Entschädigung der unmittelbar zu Schaden gekommenen Bevölkerung Kareliens ausgegeben wurden, die aber nicht indexgekoppelt waren.

Um sich ein besseres Bild von der Wirtschaftsentwicklung Finnlands machen zu können, folgen die Zahlen für Großhandelspreis- und Lebenshaltungskostenindex in diesen Jahren.

Tabelle 21

Preisentwicklung in Finnland[18]

	Großhandels-preisindex		Lebenshaltungs-kostenindex	
	absolut 1945 = 100	%	absolut 1945 = 100	%
1945	100	—	100	—
1946	156	56,0	160	60,0
1947	188	20,5	207	29,4
1948	249	32,4	279	34,8
1949	251	0,8	284	1,8
1950	289	15,1	323	13,7
1951	413	42,9	377	16,7
1952	409	—1,0	392	4,0
1953	394	—3,7	399	1,8
1954	394	0,0	397	—0,5
1955	390	—1,0	385	—3,0
1956	408	4,6	429	11,4
1957	446	9,3	478	11,4
1958	482	8,1	509	6,5
1959	479	—0,6	517	1,6
1960	497	3,8	534	3,3
1961	501	0,8	544	1,9
1962	509	1,6	568	4,4
1963	527	3,5	595	4,8
1964	567	7,6	657	10,4
1965	592	4,4	689	4,9
1966	604	2,0	716	3,9
1967	622	3,0	754	5,3

[18] The Index Clause System: S. 3.

Die letzten Entschädigungsanleihen wurden im August 1955 zu einem Kurs getilgt, der den Nominalwert um 460 % überstieg! Insgesamt wurden 612 Mio. FM an Wertberichtigung bezahlt, womit die Indexkoppelung fast dreimal soviel als die Tilgung der Anleihen selbst kostete.

Ausgehend von den Entschädigungsanleihen, deren Indexbindung ursprünglich ausdrücklich als eine Ausnahme bezeichnet wurde, erfuhr dieser Gedanke angesichts der gewaltigen Inflationsraten eine stetige Verbreitung, was schließlich zu einem System der Indexbindungen führte, das sämtliche Wirtschaftsbereiche erfaßte.

Es sei hierzu nur am Rande bemerkt, daß die Regierung selbst den ersten Schritt zu dieser Ausweitung getan hat:

Als die Entschädigungsanleihen nicht mehr getilgt werden konnten, behalf sie sich mit der Ausgabe neuer Indexanleihen[19].

5.2.2. Löhne und Gehälter

Als erste meldeten die Gewerkschaften ihre Wünsche an, die aber erst ab 1947 durchgesetzt werden konnten. Damals wurden die Entlohnungen aller Berufsgruppen zu 100 % an den Lebenshaltungskostenindex gebunden, wobei die Angleichung automatisch alle Monate erfolgte.

Ab 1950 geschah die Anpassung nur dann, wenn der gewählte Index um mindestens 5 % stieg. Eine Verminderung war hingegen nur bei einem Indexrückgang von mindestens 10 % vorgesehen.

1956 bis 1968 konnten die Gewerkschaften bei Steigerungen über 5 % zwischen dem 1. 6. und dem 30. 9. jeden Jahres einen Kaufkraftausgleich fordern. Im Falle einer Nichteinigung war die vorzeitige Kündigung der Tarifverträge vorgesehen[20].

Erst das im Rahmen der allgemeinen Abschaffung aller Indexierungen geschlossene Stabilisierungsabkommen machte dieser Art von Lohnerhöhung ein Ende.

Aus der nächsten Tabelle läßt sich die recht gleichmäßige Lohnentwicklung der von starken Gewerkschaften vertretenen Gruppen entnehmen. Die Verdienste der freien Berufe blieben hingegen klar zurück.

---

[19] *Sukselainen*, V. J.: The 1950 Battle of the Index, in: Economic Review Nr. 4 der Konsallis-Osake-Pankki, Helsinki 1950, S. 3—8.

[20] *Giersch*, Herbert: Indexklauseln und Inflationsbekämpfung, in: Probleme der Indexbindung, Hrsg. Ehrlicher, Werner, Berlin 1974, S. 31.

Tabelle 22

Lohnentwicklungen von 1939 bis 1951 in Finnland[21]

(1938/39 = 100)	
Landwirtschaft	2200
Waldwirtschaft	2000
Industrie	2040
Bauwirtschaft	2125
Freie Berufe	1400

5.2.3. Anleihen

5.2.3.1. Staatsanleihen

Tabelle 23

Finnische Staatsanleihen ausschließlich der Entschädigungsanleihen in Mio. FM[22]

	Zum Jahresende ausstehend			Während des Jahres ausgegeben		
	Insgesamt	Indexiert	%	Insgesamt	Indexiert	%
1953	502,64	18,56	3,7	235,98	18,56	7,9
1954	552,73	92,83	16,8	112,61	77,91	60,2
1955	588,36	154,00	26,2	72,01	68,97	95,8
1956	638,90	232,01	36,3	114,09	93,44	86,5
1957	621,87	270,79	43,5	84,50	71,64	84,8
1958	555 32	239,62	43,1	99,92	12,56	12,6
1959	596,83	200,37	33,6	114,63	1,88	1,6
1960	653,08	301,41	46,2	166,58	142,20	25,4
1961	672,99	333,36	49,5	166,09	77,42	46,6
1962	848,49	520,35	61,3	323,61	237,40	73,4
1963	1 133,43	554,21	48,9	431,54	88,21	20,4
1964	1 246,17	607,78	48,8	339,46	117,20	34,5
1965	1 460,09	780,47	53,5	619,64	361,97	58,4
1966	1 604,99	1 042,50	65,0	627,65	365,80	38,3
1967	1 409,78	1 076,91	76,4	203,43	151,37	74,5

[21] *Törnquist*, Erik: The Linking of Wages to the Index, in: Economic Review Nr. 2 der Konsallis-Osake-Pankki, Helsinki 1952, S. 5.
[22] The Index Clause System: S. 5.

Schon ab 1953 sicherte der Staat nicht nur die Tilgung der Entschädigungsanleihen durch die Ausgabe von neuen Indexanleihen, sondern verringerte auf diese Weise auch das Budgetdefizit. Dies geschah von 1953 bis 1955 durch die Emission von Staatsanleihen, deren Zinsen zu 100 % an die Entwicklung des Großhandelspreisindex gebunden waren[23].

Ab 1956 wurde diese Bindung auf 50 % gesenkt[24].

Bis 1957 hatte der Staat das Indexmonopol und schöpfte damit den Kapitalmarkt ab, da die Erträge dieser Anleihen steuerfrei waren. Der Anteil der Indexanleihen an allen ausstehenden Staatsemissionen stieg von 3,7 % in 1953 auf 76,4 % im Jahr 1967.

5.2.3.2. *Bankanleihen*

1953 gab die Industrial Mortgage Bank of Finland als erste Bank eine Anleihe aus, deren Zinsen zu 50 % an den offiziellen Wechselkurs des Livre Sterling gekoppelt waren.

Tabelle 24

Anleihen finnischer Banken in Mio. FM [25]

	Zum Jahresende ausstehend			Während des Jahres ausgegeben		
	Insgesamt	Indexiert	%	Insgesamt	Indexiert	%
1953	73,20	28,58	39,0	43,58	28,58	65,6
1954	98,29	48,21	49,0	28,74	19,64	68,3
1955	109,11	46,67	42,8	18,80	1,79	9,5
1956	105,07	47,17	45,8	4,83	4,83	100,0
1957	95,68	44,84	46,9	—	—	—
1958	170,56	118,69	69,6	84,62	77,50	91,6
1959	210,39	148,74	70,7	52,58	33,70	64,1
1960	221,74	151,89	68,5	24,36	12,80	52,5
1961	212,35	134,69	63,4	17,23	—	—
1962	240,27	169,97	70,7	54,22	52,62	97,0
1963	243,47	182,92	75,1	32,17	32,17	100,0
1964	316,16	216,36	68,4	102,51	102,51	100,0
1965	382,96	294,58	76,9	111,43	103,66	93,0
1966	393,46	350,33	89,0	60,22	59,67	99,1
1967	384,86	333,61	86,7	36,68	36,68	100,0

[23] *von Gadolin*, Axel: Die Kapitalmärkte der nordischen Inflationsländer, in: Zeitschrift für das gesamte Kreditwesen, Heft 20, Frankfurt 1958, S. 883.

[24] *Giersch*, Herbert: Indexklauseln, S. 5.

[25] The Index Clause System: S. 6.

Die Kapitalerträge anderer Bankanleihen wiesen eine 55 %ige Bindung an andere Indizes auf, wie beispielsweise den Lebenshaltungskosten-, den Großhandelspreis- und den Exportpreisindex. Über 80 % dieser Emissionen, deren Erträge zu versteuern waren, wurden von den Bankinstituten selbst übernommen.

5.2.3.3. Kommunalanleihen

Wie die folgende Tabelle zeigt, waren Anleihen kommunaler Verbände seltener. Die Stadt Helsinki gab 1952 eine Indexanleihe aus und mit Ausnahme der Jahre 1953 bis 1957 folgten verschiedene Städte diesem Beispiel.

Die Zinsen waren zu 50 % an den Lebenshaltungskostenindex gebunden, unterlagen der Steuerpflicht und landeten ebenfalls zu rund 80 % in den Portefeuilles der Kreditinstitute.

Tabelle 25

Kommunalanleihen in Finnland in Mio.[26]

	Zum Jahresende ausstehend			Während des Jahres ausgegeben		
	Insgesamt	Indexiert	%	Insgesamt	Indexiert	%
1952	26,59	6,00	22,6	7,77	6,00	77,2
1953	23,39	5,60	22,1	1,22	—	—
1954	25,82	5,20	20,1	2,94	—	—
1955	27,38	4,80	17,5	4,12	—	—
1956	27,07	4,40	16,3	2,51	—	—
1957	24,76	4,00	16,2	0,62	—	—
1958	35,26	16,20	45,9	13,55	12,70	93,7
1959	36,12	20,98	58,1	7,10	6,56	92,4
1960	47,43	33,18	70,0	16,08	14,51	90,2
1961	48,39	36,81	75,8	5,99	5,99	100,0
1962	47,71	37,98	79,6	3,83	3,83	100,0
1963	45,56	37,93	83,3	3,46	3,46	100,0
1964	40,76	34,65	85,2	0,12	0,12	100,0
1965	35,97	31,50	87,6	0,30	0,30	100,0
1966	32,03	28,73	89,7	0,67	0,67	100,0
1967	33,91	31,28	92,2	6,33	6,33	100,0

[26] The Index Clause System: S. 7.

5.2.3.4. *Anleihen der Privatindustrie*

Erst 1957 wurde der Privatindustrie die Ausgabe von Indexanleihen bewilligt. Von 1957 bis 1959 waren die Zinsen fast aller Emissionen zu 50 % an den Lebenshaltungskostenindex gebunden. In den folgenden Jahren kam es auch zu 25 %igen Bindungen an den Großhandelspreisindex oder den Sterlingwechselkurs. Die Privatindustrie stand der Indexbindung am ablehnendsten gegenüber. Aus der nächsten Tabelle wird der verhältnismäßig bescheidene Anteil dieser Anleihen am Gesamtvolumen deutlich.

Tabelle 26

Anleihen der Privatindustrie in Mio. FM[27]

	Zum Jahresende ausstehend			Während des Jahres ausgegeben		
	Insgesamt	Indexiert	%	Insgesamt	Indexiert	%
1956	131,35	—	—	1,82	—	—
1957	159,98	30,97	19,4	38,12	30,97	81,2
1958	164,97	39,81	24,1	14,26	10,31	72,3
1959	157,62	54,71	34,7	17,58	16,38	93,2
1960	156,27	59,28	37,9	10,76	5,77	53,6
1961	157,77	86,00	54,5	32,72	30,84	94,3
1962	160,12	81,33	50,8	26,00	7,57	28,5
1963	190,33	71,43	37,5	52,69	2,53	4,8
1964	201,57	62,56	31,0	37,49	5,48	14,6
1965	196,86	58,04	29,5	38,63	8,63	22,3
1966	192,57	48,28	25,1	17,14	3,38	19,7
1967	196,05	62,89	32,1	31,26	23,92	76,5

Die Indexanleihen unterscheiden sich nicht nur in der Wahl der Indizes und der Art der Koppelung. Neben dem Zinssatz war auch die Ausschließlichkeit der Indexklauseln — manchmal wurden nur Anstiege, manchmal auch Rückentwicklungen des Index berücksichtigt (eine Mindestverzinsung war hingegen nirgends vorgesehen) — und der Schwellenwert, der von 1 bis 5 % reichen konnte, ab dem eine Änderung vorgesehen war, genauestens festgehalten.

Die Zinssätze in der vierten Spalte der Jahre 1956, 1958 und ab 1962 kamen durch die Ausgabe einfacher Anleihen der finnischen Genossenschaftlichen Zentralbank OKO zustande, die die fehlende Indexierung

[27] The Index Clause System: S. 8.

durch besonders hohe Verzinsung wettmachen mußte. Änliche Überlegungen treffen auch bei den Staatsanleihen zu.

Tabelle 27

Zinssätze in Finnland[28]

	Staatsanleihen		Anleihen kommunaler Verbände und der Privatindustrie		Sechsmonatseinlagen bei Geschäftsbanken
	Indexanleihen	Gewöhnliche	Indexanleihen	Gewöhnliche	
1952	—	7,18	7,50	7,39	5,50
1953	5.25	6.58	8.00	7,88	5,50
1954	7,02	7,02	8,00	7,82	5,50
1955	7,28	8,45	8,50	8,26	6,00
1956	7,72	8,49	5,75	5,63	5,75
1957	6,33	8,25	7,25	6,54	5,75
1958	6,64	6,89	7,19	7,58	5,00
1959	6,20	6,85	6,98	6,94	4,50
1960	6,45	6,50	6,90	6,84	4,50
1961	6,55	6,65	7,00	6,77	4,50
1962	7,77	7,46	7,17	7,65	4,50
1963	6,63	8,36	7,09	7,73	4,50
1964	6,78	8,45	6,94	7,75	4,50
1965	6,90	8,78	6,98	7,25	4,50
1966	7,15	8,17	7,20	—	4,50
1967	6,93	7,06	7,08	7,76	4,50

In der nächsten Tabelle sind alle Anleihen (ausschließlich der Entschädigungsanleihen) zusammengefaßt und den Indexanleihen gegenübergestellt.

Wie sehr die Indexanleihen während dieser Jahre an Boden gewinnen konnten, wird deutlich an ihrem Anteil, den sie an den jeweils zu Jahresende ausstehenden Anleihen hatte. Dieser Anteil stieg von 0,1 % in 1952 auf 74,3 % im Jahre 1967.

[28] The Index Clause System: S. 9.

Tabelle 28

Die Verbreitung der Indexklauseln im finnischen Kreditwesen von 1952 bis 1967 in Mio. FM [29, 30]

	Veränderungen d. Lebenshaltungskosten-index in %	Während des Jahres ausgegebene Anleihen			Zu Jahresende ausstehende Anleihen		
		Insgesamt	Indexiert	%	Insgesamt	Indexiert	%
1952	4,0	45	6	13,3	516	6	0,1
1953	1,8	279	46	16,5	600	51	8,5
1954	—0,5	142	96	67,6	675	145	21,5
1955	—3,0	49	69	73,4	724	204	28,2
1956	11,4	121	102	84,3	901	284	31,5
1957	11,4	122	101	82,8	899	348	38,7
1958	6,5	210	111	52,9	924	412	44,6
1959	1,6	190	56	29,5	999	422	42,2
1960	3,3	216	173	80,1	1077	544	50,5
1961	1,9	220	112	50,9	1089	589	54,1
1962	4,4	406	299	73,6	1295	807	62,3
1963	4,8	518	125	24,1	1611	844	52,4
1964	10,4	478	224	46,9	1803	919	51,0
1965	4,9	768	472	61,5	2073	1163	56,1
1966	3,9	704	427	60,7	2221	1468	66,1
1967	5,3	276	216	78,3	2022	1502	74,3

5.2.4. Versicherungen

Welchen Schaden die Versicherungsgesellschaften durch die Inflation erlitten haben, kann anhand der Zahlen des Lebensversicherungssektors leicht ermessen werden:

Die Reserven der finnischen Lebensversicherungen beliefen sich am 31. 12. 1944 auf 4,271 Mrd. FM. Ende 1947 waren diese Reserven gemessen am Großhandelspreisindex auf 23,64 % und gemessen am Lebenshaltungskostenindex auf 18,1 % ihres ursprünglichen Wertes zusammengeschrumpft[31].

[29] Indexation of Financial Assets: S. 8.

[30] *Puumanen*, Kari: The Index Clause in Financial Markets: the Finnish System in Retrospect, in: Economic Review Nr. 3 der Konsallis-Osake-Pankki, Helsinki 1973, S. 110.

[31] *Junnila*, A.: The measures taken by Finnish Life Insurance Companies to protect Life Insurance against Inflation, Veröffentlichung des Finnish Insurance Center, 2. Auflage, Helsinki 1965, S. 3 ff.

Obwohl der durch die Inflation erlittene Schaden nicht mit diesen Sätzen gleichzusetzen ist, da ein Teil der Mittel vor 1947 zurückbezahlt wurde, befanden sich die Gesellschaften verständlicherweise in den ernstesten Schwierigkeiten.

Nachdem Rationalisierungsmaßnahmen weitgehend ausgeschöpft waren und selbst äußerste Anstrengungen um Neuabschlüsse die Inflationsauswirkungen unmöglich ausgleichen konnten — die Versicherungsleistungen waren nicht indexiert, wodurch wegen der galoppierenden Inflation Neuabschlüsse praktisch unmöglich wurden; die stark steigenden Verwaltungskosten belasteten aber die Gesellschaften aufs Schwerste —, sahen sich die Versicherungsgesellschaften zur Einführung der sogenannten „Großen Versicherungen" gezwungen. Es handelt sich dabei um reine Risikoversicherungen, wobei die vereinbarte Versicherungssumme nur dann an die Hinterbliebenen ausbezahlt wurde, wenn der Versicherte vor Beendigung seines 65. Lebensjahres starb, was damals für Lebensversicherungen in Finnland vollkommen neu war.

Unter diesen Bedingungen konnten nun Prämien und Versicherungsbetrag zu 100 % an den Lebenshaltungskostenindex gebunden werden.

Ursprünglich (1948 bis 1950) war diese Koppelung nur in den ersten drei Jahren möglich. Als 1950 die Indexkoppelung für die gesamte Laufzeit der Lebensversicherungen zugelassen wurde, stiegen die Abschlüsse so sprunghaft an, daß vollindexierte Lebensversicherungen 1957 46 % des Geschäftsvolumens ihrer Sparte ausmachten.

In den übrigen Versicherungszweigen, in denen man nie über die dreijährige Koppelung hinausging, konnte sich die vollkommene Bindung nicht durchsetzen. Da aber der Lebenshaltungskostenindex zwischen Jänner 1948 und Oktober 1957 um 86 % stieg, während die dreijährige Inflationsabgeltung nur jeweils 20—30 % ausmachte, wurde die Unzufriedenheit der Kunden so groß, daß neue Vereinbarungen unvermeidbar waren.

Im neuen Versicherungsgesetz 1957 beschloß man daher den Austausch aller gültigen Polizzen zu folgenden Bedingungen:

Für die ersten drei Jahre ab 1957 werden Prämien und Versicherungssummen zu 100 %, in den Folgejahren zu 50 % an die Lebenshaltungskosten gekoppelt[32].

Im Zusammenhang mit den ersten Abschlüssen „Großer Versicherungen" im Jahre 1948 verdient die Tatsache Erwähnung, daß die Lebensversicherungsgesellschaften die ersten waren, die ab 1948 zu 50 %

[32] *Junnila*, A.: The measures, S. 8.

indexgekoppelte Kredite um $7^1/_2$ % vergaben, was nur um $^1/_2$ % unter der damals üblichen Rate lag.

Um die Kreditnehmer brauchten sie sich wegen der damaligen Kapitalknappheit keine Sorgen zu machen. Diese Maßnahme schlug sich dann entsprechend in steigenden Endpreien nieder.

Da die Versicherungsgesellschaften einen Großteil ihrer Rücklagen in Immobilien angelegt haben, waren sie auch die ersten, die energisch für Indexmieten eintraten.

Zur Erläuterung der damals gehandhabten Technik folgt die Wiedergabe einer Indexklausel, wie sie in einem zwischen 1957 und 1968 abgeschlossenen Versicherungsvertrag allgemein üblich war[33].

Full index clause

1 §. During the next three calendar years from the date of the policy the assurance cover (i. e. sum assured and, if an additional insurance is attached to the policy, the compensation consequently payable) and the premium are adjusted in conformity with the cost of living index in the following manner:

(a) The adjustment is effected once a year, at 0 hour on the day when the first premium of the calendar year falls due for payment (= the adjustment time).

(b) The basis of the adjustment is the October cost of living index (August 1938 — July 1939 = 100). The October index of the calendar year immediately preceding the date of the policy is regarded as the basis index of the policy, and the October index of the calendar year immediately preceding the adjustment time is regarded as the index for adjustment.

(c) Both the assurance cover and the premium will be, starting from the adjustment time, as many per cent of their basic amounts (i. e. the amounts without the index clause) as the index for adjustment is of the basic index. The percentage thus obtained is, however, rounded off to the nearest smaller whole number but is taken to be 100 were it less than a hundred.

Half index clause

2 §. After three whole calendar years have elapsed from the date of the policy, when both the assurance cover and the premium were thus adjusted according to the third index for adjustment (= interim index) of the full index clause, the assurance cover and the premium are adjusted as prescribed under 1 § except that the index for adjustment

[33] *Junnila*, A.: a.a.O., S. 17—19.

will be taken as the average of the interim index and the October index of the calendar year immediately preceding the adjustment time. However, if the interim index is smaller than the basic index, the basic index and not the interim index will be used in calculating the average. Assurance cover and the premium are not reduced below the level that would be valid without the half index clause.

When the premiums are paid up, the adjustment time is 0 hour on January 1st.

3 §. If the representatives of the policyholders find at a general meeting of the company that the company no longer holds index-tied loans or other comparable investment property on a scale sufficient for the half index clause in accordance with the principle of safeguarding the insured benefits under the Insurance companies Act, the assurance cover and the premium will no longer during the following calendar years be increased according to the half index clause.

If because of legislation it proves necessary to abolish entirely or in part the index increases in the loans extended by the company, the question of whether and to what extent the increase in the assurance protection resulting from the half index clause is to be reduced in consequence will be worked out on the grounds laid down by the Ministry for Social Affairs. The index increases received by the company both from the premiums and from the index-tied loans must in this connections be credited to the policyholders.

Special stipulations

4 §. If the policyholder requests not later than a month prior to the adjustment time that the assurance protection and premium be no longer adjusted according to the index, the company will consent to it.

5 §. The methods employed in the application of the index clause will be approved by the Ministry of Social Affairs which will also settle any differences of opinion that may arise."

Besondere Aufmerksamkeit verdient § 3, der bestimmt, daß sowohl die Versicherungsgesellschaft als auch der Versicherte von der 50-%-Klausel befreit sind, wenn der Gesellschaft die Vergabe von indexierten Krediten oder die Erzielung anderer indexgekoppelter Einnahmen unmöglich ist.

Für den Fall einer teilweisen oder vollständigen Abschaffung der Indexversicherungen ist vorgesehen, daß sich die Vertragspartner dann jenen Beschlüssen beugen, die in einem solchen Fall vom Sozialminister gefaßt werden. Fällt der Index ab dem dritten Vertragsjahr, ist ein Rückgang von Prämie und Versicherungssumme vorgesehen, der aber niemals jene Beträge unterschreiten darf, die durch die ursprüngliche Vollindexierung für die ersten drei Jahre der Laufzeit errechnet wurden.

1965 waren 99 % aller abgeschlossenen Versicherungsverträge an den Lebenshaltungskostenindex gebunden.

Mit einem Wirtschaftssonderermächtigungsgesetz 1968 wurden die Indexklauseln auch im Versicherungswesen abgeschafft. Die Prämien und Veresicherungssummen wurden auf den bis dahin errechneten Beträgen eingefroren.

5.2.5. Staatliche Pensionskassen

Anfang 1947 begann die staatliche Pensionskasse, einige ihrer Kredite zu 50 % an den Großhandelspreisindex zu koppeln. Ab 1948 wurde diese Maßnahme auf fast alle Kredite ausgedehnt, was umso leichter durchgedrückt werden konnte, als man sich auf die schon zu 100 % indexierten Löhne berufen konnte. Da der Staat seiner Pensionskasse mit bedeutenden Mitteln unter die Arme griff, konnte sich diese mit einer Kreditindexierung zu 50 % begnügen und ab 1957 trotzdem zu 100 % indexierte Beamtenpensionen auszahlen.

1955 beliefen sich die Indexausleihungen auf 22 Mrd. FM, was 34,5 % des Kreditvolumens der Pensionskasse entsprach. Bei den Privatversicherungen beliefen sich die entsprechenden Zahlen zur gleichen Zeit auf 6,9 Mrd. FM oder 24,5 %. Die Indexkredite wurden vor allem bei Großvorhaben wie dem Bau von Kraftwerken, Stahlwerken oder Eisenbahnen vergeben[34], [35].

5.2.6. Bankeinlagen und Bankkredite

Wenn im folgenden von Indexierung die Rede ist, so erstreckt sich diese nur auf die Zinsen und nicht auf das Kapital selbst.

Grundsätzlich standen die Banken einer Einlagenindexierung ablehnend gegenüber. Es wurde aber im Verlauf der Nachkriegsjahre immer deutlicher, daß die Sparer als letzte große Gruppe übrig geblieben waren, auf die die Inflation abgewälzt wurde. Erschwerend wirkte hier noch, daß der Staat mit seinen Indexanleihen das Sparkapital an sich zog und die Banken diesen Wettbewerb schmerzhaft verspürten.

---

[34] *Levämäki*, Lauri: The Index Clause in Finnish Banking, in: Monthly Bulletin der Bank of Finland, Helsinki, März/April 1956.

[35] *von Fieandt*, R.: The Index Clause in Bank Deposits and Long-Term Loans, in: Monthly Bulletin der Bank of Finland, Helsinki, September 1957.

Die Kreditinstitute beschlossen deswegen 1955 in Übereinstimmung mit dem Finanzministerium die Einführung von indexgekoppelten Kosten. Die Bedingungen dieses Abkommens, dem nur die Geschäftsbanken und die Kreditinstitute im Raum Helsinki nicht beitraten, waren folgende:

1. Die Einlagen bleiben mindestens 12 Monate gebunden.
2. Die Mindesteinlage beträgt 30 000 FM.
3. Der Zinssatz wird 1955 mit 4³/₄ % festgelegt, was damals 1 bis 1¹/₂ % unter dem üblichen Sparzinssatz lag. Ab 1956 wird der Zinssatz auf 5³/₄ % angehoben und damit den sonst üblichen, nichtindexierten Sparzinssätzen angeglichen.
4. Die Indexklausel tritt erst dann in Kraft, wenn der Lebenshaltungskostenindex (Oktober 1951 = 100) 2 % über 104 steigt. Bei jedem weiteren Anstieg von 2 % und seinen Vielfachen wird auch die Einlage in diesem Verhältnis aufgewertet. Die 2 % beziehen sich auf den jeweiligen Stand des Index zum Zeitpunkt der Kontengutschrift.
5. Ein Indexrückgang hat keinerlei Auswirkung auf das eingelegte Kapital.

Die Geschäftsbanken und die Banken im Raum Helsinki begründeten ihr Vorgehen damit, daß sie nicht auch ihre Kredite verteuern wollten, was eine Folge der teureren Einlagen war.

Zum finnischen Steuergesetz 1955 wurde ein Zusatzgesetz beschlossen, nach dem die Kapitaleinkünfte aus Indexkonten zu versteuern, die Einkünfte aus gewöhnlichen Konten aber steuerfrei waren.

Da 1955 ein Jahr außergewöhnlicher Stabilität war, stieg der Lebenshaltungskostenindex von 98 auf nur 101. Deswegen spielten die Indexeinlagen in diesem Jahr auch nur eine ganz geringe Rolle. Ende 1955 waren es ganze 349,3 Mio. FM, was 0,1 % aller Einlagen entsprach. Hierzu ist allerdings zu bemerken, daß die Stabilität nur eine scheinbare war, die nur durch eneregische Preiskontrollen zustande kam, die sich im folgenden Jahr nicht mehr aufrecht erhalten ließen.

Die Einlagenentwicklung in den finnischen Kreditinstituten der Jahre 1955 und 1956 (1. 1.—30. 11.)[36].

(Die Zahlen der Dezembermonate wurden ausgelassen, da zum Zeitpunkt der Abfassung des Artikels die entsprechenden Angaben über den Dezember 1966 fehlten, wodurch jedoch keine prozentuellen Verschiebungen entstanden.)

[36] *Junnila*, Tuure: The Growing Application of the Index Clause in Deposit and Credit Business in Finland, in: Economic Review Nr. 1 der Kansallis-Osake-Pankki, Helsinki 1957, S. 4.

Tabelle 29

Sicht- und Termineinlagen privater Anleger in Finnland in Mio. FM

Kreditinstitut	Depotstand am 30. 11. 56	Veränderung seit Jahresbeginn 1955	1956
Geschäftsbanken	130 243	+ 11 680	— 4 139
Sparkassen	112 198	+ 10 376	— 961
Genossenschaftsbanken	78 879	+ 6 997	— 78
Postsparkasse	33 001	+ 1 995	— 72
Genossenschaftliche Zentralbank	384	— 116	— 120
Finnische Hypothekenbank	62	— 37	+ 14
Summe	354 767	+ 30 969	— 5 356

Tabelle 30

Terminkonten privater Einleger in Finnland in Mio. FM[37]

Kreditinstitut	Depotstand am 30. 11. 56	Veränderung seit Jahresbeginn 1955	1956
Geschäftsbanken	91 960	+ 8 072	— 5 834
Sparkassen	107 641	+ 10 036	— 900
Genossenschaftsbanken	86 242	+ 7 058	+ 180
Genossenschaftliche Zentralbank	266	+ 12	— 66
Finnische Hypothekenbank	38	+ 17	— 2
Postsparkasse	33 001	+ 1 995	— 72
Summe	309 148	+ 27 190	— 6 694

Die Weigerung einer Eingliederung ins Indexsystem wirkte sich wegen dem um 11,4 % gestiegenen Lebenshaltungskostenindex und der allgemeinen Unsicherheit der Einleger besonders auf die Geschäftsbanken nachteilig aus.

Dazu kam noch der Wettbewerb durch die anderen Banken und die Ausgabe der steuerfreien Indexanleihen des Staates. Diese Anleihen bereiteten aber auch jenen Banken Sorgen, die Indexkonten anboten, deren Kapitalerträge nicht nur zu versteuern waren, sondern auch um 2 % niedriger als die der Staatsanleihen lagen.

[37] *Junnila*, Tuure: The Growing Application, S. 4.

Um diese Unterschiede auszugleichen, wurde Ende 1956 zwischen den Kreditinstituten und dem Finanzminister ein neues Abkommen geschlossen:

Ab 1957 sind die Zinsen von Einlagen zu den beschriebenen Bedingungen steuerfrei, wenn die Erträge nur zu 50 % an die Lebenshaltungskosten gekoppelt sind. Auch die Einkommen von Staatsanleihen sind hinkünftig nur dann steuerfrei, wenn ihre Indexierung 50 % nicht übersteigt. Gleichzeitig wird ihr 2 %iger Vorsprung gegenüber den Banktermineinlagen auf 1½ % gesenkt. Der Zinssatz dieser nunmehr zu 100 oder zu 50 % indexierten Termineinlagen, die man künftig als A- und B-Konten bezeichnete, lag 1 % unter dem Höchstsatz von 4¾ % für gewöhnliche Termineinlagen[38].

Dieses Abkommen wurde erst nach zähen Verhandlungen und vor folgendem Hintergrund geschlossen:

Die Notenbank und der Finanzminister sahen sich wegen der immer schwierigeren Wirtschaftsverhältnisse außerstande, den Staatshaushalt — trotz der Ausgabe bevorzugter Indexanleihen — auszugleichen.

Um die Unterstützung aller Kreditinstitute zu erlangen, mußte sich der Staat des Indexmonopols begeben. Die Banken wurden aber dafür verpflichtet, unter den neuen Bedingungen den Hauptteil der neuen Staatsanleihen abzunehmen.

Außerdem war der von Staatspräsident *Kekkonen* mit der Regierungsbildung beauftragte ehemalige Notenbankgouverneur *von Fieandt* gezwungen, die Privatbanken um einen 4 Mrd. FM Überbrückungskredit zu bitten. Der Premierminister hatte dafür 13 % zu bezahlen, was damals der mit Abstand höchste in Finnland bezahlte Zinssatz war, und mußte sich außerdem verpflichten, in den nächsten 12 Monaten keine Staatsanleihe zu emittieren[39].

Von 1959 bis Mai 1963 wurden wegen der verbesserten Wirtschaftslage keine zu 100 % indexierten Einlagen angenommen. In dieser Zeit lag der Zinssatz von zu 50 % indexierten Einlagen wegen der niedrigen Inflationsraten der Jahre 1959—1961 nur um 0,5 % unter jenem der gewöhnlichen Sechsmonatseinlagen.

Mit der steigenden Geldentwertung ab 1962 änderte sich die Lage wieder. Zu Beginn 1963 wurden die zu 100 % indexierten Einlagen neuerlich eingeführt. Ihre Verzinsung lag 1½ % unter der gewöhnli-

---

[38] *Junnila*, Tuure: The Growing Application, S. 9.

[39] *von Gadolin*, Axel: Finnlands Währungs-Stabilisierung — ein Fehlschlag?, in: Zeitschrift für das gesamte Kreditwesen, Heft 10, Frankfurt 1958, S. 13.

cher Einlagen, während die Verzinsung für 50 %ige Indexeinlagen 1 % niedriger als die der Normaleinlagen war.

Durch einen Parlamentsbeschluß wurden ab 1. 5. 1964 auch die Zinsen vollkommen indexierter Einlagen steuerfrei erklärt. Mit gleichem Datum wurden die Zinssätze der vollindexierten Einlagen von allen Kreditinstituten einheitlich auf 2½ %, der zu 50 % gekoppelten Einlagen auf 4 % und der Normaleinlagen auf 4½ % gesenkt. Da die steuerliche Behandlung nun in allen drei Fällen gleich war, wurde die Wahl der Anleger nur mehr von ihren Liquiditätsüberlegungen und ihren Inflationserwartungen bestimmt.

1964 stieg der Lebenshaltungskostenindex um 10,4 %, womit die Inhaber vollindexierter Einlagen weitaus am besten abschnitten. Mit Ausnahme einer Anhebung der Verzinsung vollindexierter Einlagen auf 3 % am 1. 6. 1966 und der Abschaffung der halbindexierten Einlagen zum gleichen Zeitpunkt, änderten sich diese Sätze bis zur vollkommenen Auflösung aller Arten der Indexkoppelung nicht mehr.

5.2.7. Finanzierung der Indexkoppelungen

Mit den Indexdepots und den damit verbundenen höheren Kosten geht die Vergabe indexgekoppelter Kredite Hand in Hand.

In Finnland ergab sich dabei die grundsätzliche Frage, ob diese höheren Einlagekosten durch eine gleichartige Kreditindexierung oder die Festsetzung eines fixen Spesenzuschlages gedeckt werden sollten.

Die einzelnen Bankgruppen gingen hier verschiedene Wege. Von 1956 bis 1963 kalkulierte jede Sparkasse für sich, welchen Anteil der Indexkosten sie auf die Kredite überwälzte. Dies hing natürlich vom Anstieg des Lebenshaltungskostenindex und dem jeweiligen Umfang der 50- und 100 %igen Indexeinlagen ab. Der Indexentwicklung entsprechend wurden die Kosten monatlich berechnet und dann den halbjährlich fälligen Zinsen und Tilgungsbeträgen zugerechnet.

Das bedeutet aber, das die Kreditkosten von Sparkasse zu Sparkasse verschieden hoch waren. Um hier zumindest teilweise Klarheit zu schaffen, schlossen sich 1964 75 % aller Sparkassen, die 55 % der Sparkassenkredite vergaben, zu einer besonderen Vereinigung zusammen, die von der finnischen Girozentrale der Sparkassen beaufsichtigt wurde, damit die Kreditbelastungen gleichmäßiger verteilt wurden.

Die Geschäftsbanken belegten hingegen von April 1957 bis September 1958 die meisten ihrer Kredite von vornherein mit einem sogenannten Indexspesensatz von 1 %, der den Zinsen zugeschlagen wurde. Nach einer späteren Senkung auf 0,5 % wurde dieser Spesensatz in der Zeit vom 1. 1. 1959 und 1. 6. 1963 überhaupt gestrichen. Die übrigen Änderungen bis zur Abschaffung des Indexsystems lassen sich der folgenden Tabelle entnehmen.

Die Einnahmen aus dem Sonderzuschlag mußten auf ein Sonderkonto der finnischen Notenbank überwiesen werden. Diese Guthaben trugen keine Zinsen und durften nur zur Bezahlung derjenigen Spesen verwendet werden, die bei den Einlagekonten durch die Indexierung entstanden.

Die Genossenschaftsbanken gingen ähnlich wie die Sparkassen vor. Sie schlossen sich allerdings schon ab Mitte 1956 zu einem Ring zusammen, dem die finnische Genossenschaftliche Zentralbank (OKO) vorstand, um ungleich hohe Kreditkosten zu vermeiden.

Die Postsparkasse koppelte die Zinsen ihrer Kredite zu 25 % an den Lebenshaltungskostenindex.

Der Staat selbst, der durch seine zahlreichen Hilfsfonds 1958 40 % aller Kredite vergab, zögerte mit der Indexierung, wenn es sich um sogenannte „Wohlfahrtskredite“ wie beispielsweise Kleinbauernanleihen, Wohnbaukredite und andere Stützungskredite handelte[40].

Tabelle 31

Summe aller von Kreditinstituten an den Staat, die Privatindustrie und Private vergebenen Kredite in Mio. FM[41]

	Ausleihungen insgesamt	Indexkredite mittelbar indexiert		unmittelbar indexiert	%
1958	5 892,8	3 225,1	54,7	1 477,6	25,1
1959	6 593,2	2 061,8	29,2	1 663,8	25,2
1960	8 102,3	2 384,8	29,4	1 898,0	23,4
1961	9 390,0	3/520,6	37,5	2 107,1	22,4
1962	10 252,0	3 635,9	35,5	2 585,5	25,2
1963	11 082,1	4 779,9	43,1	2 651,2	23,9
1964	12 712,3	6 678,8	52,5	3 152,1	24,8
1965	14 352,0	6 434,8	44,8	3 683,3	25,7
1966	16 034,5	8 583,7	53,5	4 082,2	25,5
1967	17 678,9	8 633,0	48,8	5 059,3	28,6

[40] *von Gadolin,* Axel: Finnlands Währungs-Stabilisierung, S. 14.
[41] Indexation of Financial Assets, S. 36.

Dafür verlangte er für seine an die Energiewirtschaft vergebenen Kredite zu 50 % an die Lebenshaltungskosten gebundene Zinsen. Bei großen Ausleihungen an Kraftwerke vereinbarte er eine 25- bis 50 %ige Zinsbindung an den Großhandelspreis. 1958 und 1959 koppelte der Staat die Zinsen von an Großunternehmen vergebenen Exportkrediten zu 33 % an den Pfundwechselkurs. Kleinunternehmen wurden bei der Exportwirtschaft niemals derartige Lasten auferlegt.

Auffällig ist die Tatsache, daß die Entlohnung von Indexeinlagen rechtlich eindeutig geregelt war, während für die Ausleihungen entsprechende Bestimmungen fehlten.

Unter mittelbar indexierten Krediten sind solche zu verstehen, deren Zinsen durch einen Indexzuschlag erhöht wurden.

5.2.8. Aufhebung des Indexsystems

Wie man den angeführten Statistiken entnehmen kann, verlief die wirtschaftliche Entwicklung Finnlands in den Jahren 1959—1961 in etwas ruhigeren Bahnen.

Danach aber verflachte der Aufschwung wieder, die Zahl der Arbeitslosen stieg und das Zahlungsbilanzdefizit wurde immer größer. Da die Lage schließlich so bedrohlich wurde, daß von halben Maßnahmen nichts mehr zu erhoffen war, versuchte die Regierung Mitte Oktober 1967, das Steuer durch einen umfassenden Preisstop herumzureißen.

Diese Maßnahme war aber derart unwirksam, daß man gerade die Zeitspanne bis zum Frühjahr 1968 als eine Periode des völlig ungezügelten Preisauftriebs bezeichnet.

Zum gleichen Zeitpunkt beschloß die Regierung eine Abwertung der Finnmark um 31,25 %. Wohl hatte sie die inflationistische Gefahr dieser Abwertung erkannt:

Durch das geschlossene Indexsystem schlagen gestiegene Exportpreise sofort voll auf die Binnenwirtschaft durch. Eben diese Nebenwirkung hoffte man durch die Preiskontrolle zu vermeiden. Tatsächlich erhöhten sich aber die Verbraucherpreise weit stärker, als dies rein rechnerisch infolge der Abwertung nötig gewesen wäre.

Einen ganz wesentlichen Anteil an dieser Preisexplosion hatte die Lohn-Preis-Indexkoppelung, die durch abwertungsbedingte Preiserhöhungen — gleichgültig, ob diese tatsächlicher oder kalkulatorischer Art waren — eine immer schnellere Aufschaukelung von Preisen und Löhnen bewirkte.

Dazu kam noch ein deutlicher Rückgang der Spartätigkeit und eine Flucht in Konsumgüter, ausgelöst bzw. begünstigt durch die steigende Inflationsrate. Auch die Staatsausgaben nahmen allen stabilitätspolitischen Maßnahmen zuwider nie gesehene Ausmaße an.

Unter all diesen Umständen kann es nicht verwundern, wenn der groß angekündigte Preisstop im Zusammenhang mit der Abwertung wirkungslos verpuffte[42].

Der überaus besorgniserregende Preisauftrieb Ende 1967/Anfang 1968 und die offensichtliche Wirkungslosigkeit allein dirigistischer Mittel ohne gesamtwirtschaftlicher Absicherung ließen Regierung, Notenbank und Sozialpartner auf gemeinsame Abhilfe sinnen.

Schon bald setzte sich die Ansicht durch, daß bei Toleranz des freien Spiels der Marktkräfte die durch Außenhandelsabhängigkeit, einseitige Exportstruktur und geographische Randlage ohnehin dauernd gefährdete Wirtschaft nicht auch noch durch binnenwirtschaftliche Störungen belastet werden durfte.

Es galt, unter einen langen Zeitraum innerer und äußerer Währungsauszehrung, Arbeitskämpfe, Erwerbslosigkeit und außenwirtschaftlicher Nöte den längst fälligen Schlußstrich zu ziehen und die Abwertung der Finnmark nicht nur zur kurzfristigen Belebung von Export und Binnenkonjunktur zu nutzen, sondern mit ihrer Hilfe die Grundlage für eine Absicherung und Gesundung der gesamten Volkswirtschaft zu schaffen.

Am 9. 4. 1968 wurde aus diesem Grund ein Ermächtigungsgesetz verabschiedet, das der Regierung sehr weitreichende Vollmachten gab und durch verbindliche Absprachen bezüglich der Lohnanstiegsraten ergänzt wurde.

Gleichzeitig verfügte ein Wirtschaftssondergesetz die fast ausnahmslose Abschaffnung der Indexkoppelungen. Diese Ausnahmen betrafen internationale Anleihen und Abkommen und auslaufende Versicherungen[43]. Ständige Beratungen zwischen Regierung, Gewerkschaften, Notenbank und Unternehmen waren an der Tagesordnung.

Solcherart wurden alle Preise, Gebühren, Tarife und Entlohnungen auf dem Stand vom 15. 3. 1968 eingefroren. Für Mieten und Pachten galt der 28. 2. 1968 als Stichtag. In Zweifelsfällen konnte eine eigene Preisbehörde Preise eigenmächtig neu festsetzen[44]. Bei Übertretungen der beschlossenen Bestimmungen konnten Zuchthausstrafen bis zu drei Jahren verhängt werden.

---

[42] *Kuntze*, Oscar-Erich: S. 31.

[43] *Puumanen*, Kari: S. 114.

[44] *Kuntze*, Oscar-Erich: S. 28.

Gemäß dem Sondergesetz waren auch alle laufenden, mit einer Indexklausel versehenen Verträge auf dem Stand der entsprechenden Indexzahlen vom November 1968 einzufrieren.

5.2.9. Zusammenfassung

Die wichtigste Erfahrung, die sich aus dem finnischen Beispiel gewinnen läßt, besteht wohl darin, daß man auf dem einmal eingeschlagenen Weg der automatischen Indexkoppelung nicht mehr umkehren kann. Dies trifft umso mehr zu, je vollkommener und unbedingter die vereinbarten Indexierungen sind. Die schrittweise Erweiterung von Indexanleihen und Indexlöhnen zu indexierten Versicherungen, Krediten und Einlagen war in Finnland unaufhaltsam.

Die Annahme, Inflationsauswirkungen durch ein allumfassendes Indexsystem ausschalten zu können — mit der Begründung, daß es dann keine Inflationsgewinner und -verlierer mehr gäbe —, erwies sich als Irrtum.

Ein einheitliches Indexsystem konnte nicht geschaffen werden. Durch die fortschreitende Erweiterung der Indexierung in allen Wirtschaftsbereichen kam es zur Anwendung einer Vielzahl von Indizes, weil der Verteilungskampf der verschiedenen Interessengruppen einfach auf die Indexebene verschoben und dort unvermindert heftig weitergeführt wurde:

Jede Gruppe stellte sich als die am meisten benachteiligte dar und pochte auf Anwendung und Aufwertung „ihres" Index.

Entscheidend wurden diese Auseinandersetzungen auch durch die offensichtlichen Indexmanipulationen offizieller Kreise angefacht. Zu deutlich erkannte selbst die breite Allgemeinheit, daß der amtliche Lebenshaltungskostenindex nur wenig mit der tatsächlichen Geldentwertung zu tun hatte.

Außerdem zeigte sich, daß die finnische Volkswirtschaft, bei der der Außenhandel eine sehr bedeutende Rolle spielt — Brasilien war hier in einer völlig anderen Situation — zur Zeit des Indexsystems ausländischen Preissteigerungen vollkommen hilflos gegenüber stand:

Derartige außenwirtschaftliche Änderungen konnten nur preissteigernd wirken, da das Gegenteil so gut wie immer vertraglich ausgeschlossen war.

5.3. Israel

5.3.1. Anfänge

Wohl keine Bevölkerung eines Mittelmeerlandes hat mit einer stabilen Währung so wenig Erfahrung wie die des heutigen Israel.

Auf die galoppierende Inflation im Kalifat (bis 1919 war Palästina ein Teil des Ottomanischen Reiches) und der Wirtschaftsdepression der zwanziger Jahre folgte im britischen Mandat eine neue, anhaltende Welle der starken Geldentwertung. Dies ging so weit, daß die Beduinenstämme damals die Annahme des Mandats-Papiergeldes verweigerten und statt seiner Kupfer-, Silber- oder Goldmünzen forderten[45].

Auch die jüdischen Arbeiter wurden mit ihrer Bezahlung immer unzufriedener und es kam 1940/41 zu Streiks und ausgedehnten Unruhen. Wegen der damals für die Engländer bedrohlichen Lage in Nordafrika und im Mittelmeerraum unternahm die britische Mandatsverwaltung alles, um diese Unruhen zu befriedigen. Sie legte der Gruppe der Arbeitgeber nahe, die Löhne ihrer Arbeiter an die Entwicklung des Lebenshaltungskostenindex zu binden. Galt diese Regelung ursprünglich nur für Industriearbeiter, so wurde sie in den folgenden Jahren auf sämtliche Lohn- und Gehaltsempfänger ausgedehnt[46].

Ein Zeichen der großen wirtschaftlichen Schwierigkeiten des Landes ist die stetige Abwertung des israelischen Pfundes:

1948 war 1 US-$ 0,248 I£ wert, 1977 aber 15,38 I£! (31. 10. 77, Lod).
1 I£ war 1948 einem englischen Pfund gleichzusetzen.

Die Indexkoppelung am Kapitalmarkt gewann in der Folge ebenfalls Verbreitung. Allerdings untersagten sowohl die britische Mandatsverwaltung als auch — ab 1948 — die zuständigen jüdischen Behörden den Rückgriff auf die Goldklausel oder den Bezug auf ausländische Währungen in Verträgen.

Da ab 1950 der Besitz von Goldmünzen und das Halten von Dollarkonten verboten war, wurden diese Werte am Schwarzen Markt gehandelt. In den Verträgen bezog man sich daher meist auf die Schwarzmarktkotierungen oder den Kurs des Israelischen Pfundes in Zürich. Nicht unerwähnt darf dabei bleiben, daß es trotz der weiten Verbreitung derartiger Klauseln wegen ihrer Rechtswidrigkeit niemals zur Einklage der ausgemachten Indexierten Leistung kommen konnte[47].

---

[45] *Kleimann,* Ephraim: Linkage and Indexation: Israel's Twenty Years Experience, Jerusalem 1974—06—18, S. 1.

[46] *Patinkin,* Don: Monetary Developments in Israel, in: Scripta Hyerosolymitana, Jerusalem 1956, S. 2 ff.

[47] *Kleimann,* Epharim: Linkage and Indexation, a.a.O., S. 3.

Zwischen 1947 und 1952 verdoppelte sich die jüdische Bevölkerung durch die Massenzuwanderung, zu einem Zeitpunkt, als sich die Wirtschaft in den größten Schwierigkeiten befand; Wirtschaftsstruktur im heutigen Sinn gab es bei der Gründung des Staates Israel überhaupt keine, da durch den Krieg von 1948 das Wenige, was damals vorhanden war, sofort zerstört wurde.

Wegen der, trotz deutscher Wiedergutmachungszahlungen unbedingten Notwendigkeit der Kapitalaufnahme war es die israelische Regierung, die als erster ihre eigenen Richtlinien durchbrach:

Schon 1948 legte sie die erste indexgekoppelte Kriegsanleihe auf.

Israel erging es schließlich nicht anders als Finnland. Die Indexbindung fand immer verbreitetere Anwendung und umfaßte schließlich, wie in der Folge zu sehen ist, sämtliche Wirtschaftsbereiche.

5.3.2. Löhne und Gehälter

In Israel hängt die Indexkoppelung der Löhne und Gehälter von den Abkommen ab, die jeweils zeitlich begrenzt von Arbeitgebern und Arbeitnehmern (durch die oberste Gewerkschaftsbehörde Histradrut vertreten) beschlossen werden.

Am Rande sei erwähnt, daß die Regierung und die Histradrut als die größten Arbeitgeber des Landes auch im Arbeitgeberkomittee vertreten sind.

Überschreitet nun der Lebenshaltungskostenindex einen bestimmten Schwellenwert, so setzen die beiden Verhandlungspartner den Satz der Teuerungsabgeltung neu fest. Ursprünglich fand eine derartige Angleichung alle 3 Monate statt.

Von Zeiten besonders heftiger Geldentwertung abgesehen, werden aber heute nur mehr zweimal im Jahr die Inflationszuschläge errechnet (Jänner und Juli).

Diese Zuschläge werden jedoch nur bis zu einer bestimmten Lohnhöhe anerkannt, das heißt, daß die Empfänger hoher Lohneinkommen nur für den anerkannten Lohnsockel eine Teuerungsabgeltung beziehen, ihr übriges Einkommen aber keine Aufwertung erfährt. Die Anhebung dieser Lohnsockel geschieht im gleichen Verhältnis wie der Anstieg des Lebenshaltungskostenindex.

Alle Beteiligten waren sich über die Art des anzuwendenden Index einig. Der vom Staatlichen Zentralbüro für Statistik in Jerusalem errechnete Lebenshaltungskostenindex wurde nach anfänglichen Unstimmigkeiten allgemein anerkannt. Er wird jeden 15. des Monats veröffentlicht und gilt für den jeweiligen Vormonat.

Über die Art der Errechnung des Lebenshaltungskostenindex und die Zusammensetzung des Warenkorbes, der seiner Errechnung zugrunde liegt, gibt es hingegen seit 1950 lebhafte Auseinandersetzungen:

So wurden zum Beispiel die starken, saisonbedingten Schwankungen der Preise von Obst und Gemüse dadurch ausgeschaltet, daß man — im Gegensatz zu der sonst üblichen halbjährlichen Preisermittlung für Gebrauchsgüter — in diesem Fall einen Durchschnittsjahrespreis errechnet, der für das ganze nächste Jahr gilt.

Die Regierung wurde aber vor allem deshalb der offenen Indexmanipulation beschuldigt, weil sie absichtlich niemals die 1950 erfolgte Zusammenstellung des offiziellen Warenkorbes abänderte und so dem Wandel der Kaufgewohnheiten keine Rechnung trug. Da sie aber auf manche Größen, die nach neueren Untersuchungen anteilsmäßig zu stark vertreten waren (Gebühren für Post, Verkehrsmittel, Strom, staatlichen Wohnraum) einen unmittelbaren Einfluß ausübte, wollte sie von neuen Gewichtungen lange Zeit nichts wissen.

1959 wurde jedoch der Druck der öffentlichen Meinung so stark, daß die Regierung einer Änderung der Zusammensetzung des Warenkorbes zustimmen und außerdem dem öffentlichen Konsumentenschutzverein Einsichts- und Mitspracherecht bei der Indexerrechnung im Zentralbüro für Statistik einräumen mußte[48].

Die Regierung übte jahrelang keinen Einfluß auf die eingangs erwähnten Lohnverhandlungen und deren Ergebnisse aus. Ab 1970 sah sie aber auch hier eine Möglichkeit der Verwirklichung ihrer Einkommenssteuerpolitik.

Wegen der vollkommen unausgeglichenen Lage des Staatshaushaltes wirft sie seither als dritter Verhandlungspartner (vorher war sie nur auf der Seite der Arbeitgeber vertreten) ihr ganzes Gewicht in die Waagschale, um die Index- und damit Lohnerhöhungen wie auch die Anhebung der Sockelbeträge möglicht gering zu halten.

5.3.3. Anleihen

5.3.3.1. Von der Staatsgründung 1948 bis 1954

5.3.3.1.1. Staatsanleihen

Durch den Krieg von 1948 und die Masseneinwanderung in den vierziger Jahren war ein Kapitalbedarf für die notwendigen Investitionen entstanden, der unmöglich vom neugegründeten Staat aus eigener Kraft gedeckt werden konnte. Reparationszahlungen und Spenden der Dia-

[48] *Kleimann*, Ephraim: Monetary Correction and Indexation: the Brazilian and Israeli Experience, unveröffentlicht, Jerusalem, Oktober 1975, S. 10.

spora erleichterten wohl die Lage, waren aber insgesamt noch immer zu wenig.

Die israelische Regierung war daher zur Kapitalaufnahme im Ausland gezwungen. Diese Mittel wurden an halbstaatliche und private Unternehmen im Lande weitergegeben. Auf diese Weise übernahm die Regierung die Rolle eines inländischen Kapitalmarktes, den es damals sonst höchstens ansatzweise gab.

Niemand im Ausland hätte aber eine Anleihe gekauft, die in einer damals vollkommen unbekannten Währung ausgegeben wurde und von der man zudem wußte, daß sie wegen der politischen Ereignisse unter starkem Druck stand.

So wurde die erste israelische Anleihe vom Mai 1948, knapp vor der offiziellen Staatsgründung, zu 3 % über 5 000 000 I£ aufgelegt. Es war dies die erste indexgekoppelte Anleihe Israels, da sowohl die Tilgung als auch die Zinszahlungen mit dem Kurs des US-$ an der Zürcher Börse gekoppelt waren. Die Anleihe war in 10 halbjährlichen Raten bis September 1952 zu tilgen und wurde von der Jewish Agency, einer Art Vorläufer der israelischen Regierung, garantiert.

1949—1953 gab die Regierung vier weitere 3-%-Anleihen über jeweils 5 Jahre aus. 1949 wurde auch eine eigene Kriegsanleihe zu 3½ % über 7 500 000 I£ ausgegeben. Diese zum größten Teil vom Publikum gezeichnete Anleihe wurde von September 1954 bis September 1959 in 12 halbjährlichen Raten getilgt und hatte somit eine mittlere Laufzeit von 8 Jahren. Tilgungsbeträge und Zinsen waren wieder an den US-Dollar gekoppelt.

Eine andere Form der Indexierung waren die drei Trefferanleihen, die 1949, 1950 und 1952 aufgelegt wurden. Mit 10jähriger Laufzeit war ihre Tilgung an den US-Dollar gebunden. Sie trugen keine Zinsen. Stattdessen wurden 3 % p. a. in 2 Ziehungen jährlich verlost. Diese Treffer waren steuerfrei, aber in keiner Weise indexgebunden. Aus diesem Grund konnten in späteren Jahren kleinere Trefferanleihen nicht mehr abgesetzt werden. Durch den starken Inflationsanstieg wurde dieser Mangel zu deutlich verspürt.

Wie die folgende Aufstellung zeigt, war das Gesamtvolumen der Staatsanleihen von 1949—1953 trotz Indexkoppelung sehr bescheiden.

Das Gesamtvolumen der Anleihen betrug somit 53,4 Millionen I£, wovon aber nur 26 Millionen I£ freiwillig vom Publikum gezeichnet wurden. Die Kriegsanleihe hatte den Charakter einer Zwangsanleihe und 29,9 Millionen I£ wurden von den Kreditinstituten gezeichnet.

In der gleichen Zeit konnten durch das amerikanische Hilfsprogramm, die deutschen Reparationszahlungen, die Spenden der Diaspora, die

Kapitalaufnahme im Ausland und den United Jewish Appeal über 1,1 Milliarden US-Dollar aufgebracht werden.

Tabelle 32

Israelische Staatsanleihen 1949 bis 1953 in Mio. I£[49]

	1949	1950	1951	1952	1953
Staatsanleihen	3,0	5,0	18,9		5,0
Kriegsanleihe	7,5				
Trefferanleihen	3,0	6,0		5,0	
Summe	13,5	11,0	18,9	5,0	5,0
Lebenshaltungskostenindex (Beginn 1949 = 100)	113,5	127,4	150,0	154,5	158,1
Anstieg in %	13,5	11,8	17,7	3,0	2,3

Daß es trotz einem offenbaren Rückgang der Inflationsraten in den Jahren 1952 und 1953 der Regierung nicht mehr möglich war, indexgekoppelte Anleihen unterzubringen, kann damit erklärt werden, daß sie zu einer Bindung an den US-Dollar nicht mehr bereit war, weil sie die damit verbundenen Kosten allein zu tragen gehabt hätte. Von einer Bindung an den Lebenshaltungskostenindex wollte aber das Publikum nichts wissen, da dieser damals von der Regierung nach Belieben manipuliert wurde. Die offiziell angegebenen Sätze von 3 und 2,3 % sind somit für die wahre Teuerung gegenstandslos.

5.3.3.1.2. Anleihen der Privatindustrie

Die Privatindustrie stand vor den gleichen Schwierigkeiten wie der Staat. Aus diesem Grund war auch ihr eine Kapitalaufnahme ohne Indexbindung unmöglich.

Die erste indexgekoppelte Anleihe eines Privatunternehmens war die Wandelanleihe 1951 der Israel Land Development Company, worauf 1952 einige Emissionen der Nesher Cement Company folgten. Diese Anleihen waren zugleich die ersten, die nicht an den Lebenshaltungskostenindex, sondern den Preis eines Wirtschaftsgutes gebunden waren.

Bei der Emission der Israel Land Development Company handelte es sich originellerweise um eine Wandelanleihe im doppelten Sinn. Einmal konnte nach einer Sperrfrist die Umwandlung in Aktien be-

[49] *Sarnat*, Marshall: The Development of the Securities Market in Israel, Veröffentlichungen der List Gesellschaft Nr. 49, Basel/Tübingen 1966, S. 28.

gehrt werden. Die Indexkoppelung bestand nun ihrerseits darin, daß man stattdessen auch den Gegenwert einer bestimmten Landfläche zum Ausgabezeitpunkt fordern konnte oder an Stelle des Geldes bei der Tilgung das Land selbst in Besitz nahm.

Die Nesher Cement Company, eine Gründung der Histradrut und der Palestine Central Trade and Investment Company, koppelte Tilgungsbeträge und Zinsen an den offiziellen Zementpreis. Mit den Zinskupons einer dieser Emissionen konnte man überdies bei der Gesellschaft Beton zu einem Fixpreis beziehen, der nicht der offiziellen Preisregelung unterlag. Im Zuge des damaligen allgemeinen Aufbaus fand diese Art der Indexkoppelung große Beachtung.

1954/55 gelang der Mehadrin Ltd. die Plazierung einer Wandelanleihe über 1 250 000 I£, wobei die Tilgung durch Umwandlung, Auszahlung oder Vergabe einer zum Ausgabezeitpunkt festgelegten Fläche einer Zitrusplantage geschehen konnte.

Zur gleichen Zeit gab auch die Israel Rassio Investment Company eine Wandelanleihe aus. Neben dem Optionsrecht wurde noch 1957/58 der Kauf von Wohnungen zu 1954/55 festgelegten Fixpreisen ermöglicht. Die Anleihe (Tilgung und Zinsen) war an den Baukostenindex gebunden.

Während, wie schon erwähnt, mit Zunahme der inflationären Kräfte die Neuemissionen für Staatspapiere 1954 praktisch zum Stillstand kamen, blieb der Markt für Industriepapiere der Privatwirtschaft und der halbstaatlichen Gesellschaften intakt.

Zwischen 1950 und 1954 kamen insgesamt 14 Gesellschaften mit 21 Anleihen von 7,8 Millionen I£ auf den Markt. Dies war vor allem wegen des Abgehens vom Lebenshaltungskostenindex und der Bindung an Wirtschaftsgüter möglich.

5.3.3.2. 1955 bis 1974

Da der Absatz von Staatspapieren unter den bisherigen Bedingungen unmöglich war, entschloß sich die Regierung 1955 zur Einführung von wertgesicherten Anleihen in großem Ausmaß.

Der Wendepunkt war die im August 1955 ausgegebene 6½-%-Anleihe über 100 Millionen I£ der Palestine Electric Corporation — diese Gesellschaft war damals schon verstaatlicht.

Da die Ausgabebedingungen dieser Staatsanleihe maßgeblich für viele weitere Emissionen waren, sind sie hier genauer dargestellt[50]:

---

[50] *Sarnat,* Marshall: S. 39—40.

1. Die Anleihe wurde in zwei Tranchen — einer Inhabertranche und einer Namenstranche — ausgegeben. Die übrigen Bedingungen dieser beiden Serien waren sonst vollkommen gleichlautend.
2. Der Zinssatz von 6½ % p. a. war indexgekoppelt, unterlag aber einer Quellensteuer von 25 %.
3. Die Tilgung erfolgte jährlich von 1957 bis 1964 zu gleichen Teilen. Die Durchschnittslaufzeit betrug somit 7 Jahre.
4. Der Anleihenzeichner hatte die Wahl zwischen einer Bindung an den Lebenshaltungskostenindex oder die offizielle Wechselkursrate für den US-Dollar. Diese Option mußte bis Dezember 1955 ausgeübt sein und galt für Tilgungsbeträge und Zinsen gleichermaßen. Ein Mindestkursverhältnis von 1 US-$ = 1,8 I£ sowie ein Mindest-Lebenshaltungskostenindex von 233 Punkten (1949 = 100) wurden garantiert.
5. Die Indexgewinne unterlagen keinerlei Besteuerung.
6. Die Garantie wurde vom israelischen Staat übernommen.

Besonders die Dollaroption wurde von weiten Kreisen als so vorteilhaft angesehen, daß die Anleihe innerhalb von 2 Tagen überzeichnet war. Durch diesen Erfolg ermutigt, legte die Gesellschaft im Februar 1956 eine zweite Anleihe über 6 Millionen I£ zu gleichen Bedingungen auf. Die Zeichnung war wiederum innerhalb weniger Tage abgeschlossen.

Die Unterscheidung in Namens- und Inhaberanleihen geschah deshalb, weil Kreditinstituten nur der Erwerb von Namensanleihen gestattet wurde. Dies diente zur Information für den Staat, wieviel jeweils die institutionellen Anleger zeichneten[51]

In der Folge sind „gemischte Koppelungen“ aufgetreten. Darunter ist zu verstehen, daß die Bindung teilweise — zu einem bestimmten Prozentsatz — an den US-Dollar, zum anderen Teil an den Lebenshaltungskostenindex erfolgte.

Die überragende Rolle, die Indexanleihen in den folgenden Jahren spielten, wird aus der folgenden Tabelle ersichtlich[52].

Insgesamt waren also in der Zeit von 1955—1961 von Anleihen über 589 Millionen I£ 502 Millionen I£ indexiert, was einem Satz von 85 % entspricht.

---

[51] *Doron,* Shalom: The Stock Market in Israel, in: The Principal Stock Exchanges of the World, Washington 1964, S. 301.

[52] *Sarnat,* Marshall: S. 43.

Tabelle 33

Anleihenausgaben 1955 bis 1961 in Mio. I£

	Gesamtvolumen	Indexanleihen	%
1955	12	10	83
1956	44	42	95
1957	61	59	97
1958	79	55	70
1959	137	122	89
1960	79	57	72
1961	177	157	89
Summe	589	502	85

Läßt man jedoch die 5jährigen „Housing Loan Savings Bonds"[53] und die kurzfristigen Staatspapiere mit Laufzeiten von 91 und 182 Tagen außer Betracht, so liegt der Anteil der indexgekoppelten Anleihen bei 97 %.

Die restlichen 3 % sind vereinzelt ausgegebene Treffereanleihen.

Wie aus all dem hervorgeht, gab es also in Israel in all diesen Jahren keine einzige Anleihe mit Bedingungen im herkömmlichen Sinn.

Seither hat sich an diesen Sätzen grundsätzlich nichts geändert. 1974 waren 85 % aller an der Börse von Tel Aviv notierten Anleihen indexgekoppelt. Den Rest bilden Treffer- und Wandelanleihen[54].

5.3.4. Hypothekenmarkt

Die starke Geldentwertung konnte natürlich auch an den langfristigen Krediten nicht spurlos vorübergehen. Da aber langfristige Kredite fast ausnahmslos in Form von Hypothekardarlehen vergeben wurden, genügt es, sich hier mit der Lage am Hypothekarmarkt zu befassen.

Ursprünglich unterstützte der Staat die Hypothekenbanken und kam für die von ihnen erlittenen Inflationsverluste auf. Als diese Belastung aber 1956 über seine Kräfte ging, wurde die Indexkoppelung der Hypothekarkredite eingeführt.

[53] Diese Anleihen wurden an die Empfänger von Wiedergutmachungszahlungen ausgegeben, die eine Prämie von 20 % erhielten, wenn sie ihre Devisen an die Zentralbank verkauften und nicht im Ausland ließen.

[54] *Kleimann*, Ephraim: Monetary Correction, S. 21.

Der Kreditnehmer war verpflichtet, die Kreditrückzahlung und die Zinsen entweder an den Lebenshaltungskostenindex oder an den offiziellen Kurs des US-Dollars zu binden.

Der Lebenshaltungskostenindex wurde monatlich neu errechnet, der US-Dollarkurs wurde hingegen nur bei offiziellen Abwertungen verändert. Dies bedeutete für die Kreditnehmer, daß sich ihre Zahlungen im ersten Fall der Bindung stetig erhöhten. Im zweiten Fall blieben die Zahlungen manchmal bis zu 2 Jahre unverändert, um dann bei den Abwertungen umso kräftiger hinaufgesetzt zu werden.

Ein Großteil der Kreditnehmer entschied sich für die US-Dollar-Bindung. Der Grund dafür ist in dem Bestreben des Schuldners zu sehen, mit den durch die Indexkoppelung verursachten Mehrkosten möglichst lange nichts zu tun zu haben.

Den Hypothekarbanken ist vorzuwerfen, daß sie vor allem bestrebt waren, ihr Kreditvolumen auszuweiten und die Schuldner nur mangelhaft über die Art dieser Bindung unterrichteten[55].

Man kann sich daher die Bestürzung der Kreditnehmer lebhaft vorstellen, als im Februar 1962 das israelische Pfund gegenüber dem US-Dollar um 66 % abgewertet wurde.

Die Empörung der Betroffenen war so groß, daß der Staat schließlich die Umwandlung von Dollarkrediten in Lebenshaltungskosten-Kredite gestattete und die Hypothekenbanken entschädigte.

1965 konnten einflußreiche Kreditnehmergruppen durchsetzen, daß statt der Koppelung an den Lebenshaltungskostenindex die Kredite an jene Sätze gebunden wurden, die den zwischen Arbeitgebern und -nehmern ausgehandelten Lohnerhöhungen entsprachen.

Da die Regierung alles tat, um diese Sätze niedrig zu halten, lagen sie stets unter den Steigerungen des Lebenshaltungskostenindex.

Die Hypothekarbanken ihrerseits refinanzierten sich durch die Ausgabe von Indexanleihen.

Im Zuge des allgemeinen Stabilisierungsprogrammes von 1968—1969 ermunterte die Regierung die Hypothekarbanken zur Gewährung ungekoppelter Kredite und erklärte sich gleichzeitig bereit, die entsprechenden Mittel dazu zur Verfügung zu stellen.

Dies geschah natürlich nur unter dem Druck der öffentlichen Meinung und der Überlegung, daß die Regierung an der Inflation alleine schuld ist und daher auch ihre Kosten zu tragen habe.

---

[55] *Cukierman*, Alex: Index-linked Mortgages in Israel, unveröffentlicht, Tel Aviv 1975, S. 2.

Hypothekarkredite wurden von privaten und von staatlichen Kreditinstituten zu sehr unterschiedlichen Bedingungen vergeben. Staatliche Hypothekarkredite waren meist besonders gestützt und wurden für die Erschließung neuen Landes vergeben.

5.3.4.1. Hypothekarkredite bei privaten Kreditinstituten

Der Zinssatz betrug gewöhnlich 8 %. Ein höherer Zinssatz war widerrechtlich, da dies als Wucher angesehen wurde. Die Indexbindung erfaßte den Kredit und die Zinsen. Die Laufzeit beträgt zwischen 10 und 15 Jahren.

Die Zinsen und Tilgungsbeträge wurden dann mit dem jeweiligen Aufwertungsfaktor multipliziert.

Bis 1962 ging man folgendermaßen vor:

Einmal oder zweimal jährlich erhielt der Schuldner eine Rechnung über die zum Zeitpunkt der Kreditgewährung festgelegten Beträge. Bei der Bezahlung wurden dann diese Beträge gemäß der Indexkoppelung aufgewertet.

Viele Kreditnehmer, die von der Indexierung nur ungenaue Vorstellungen hatten, wurden in diesen Augenblicken auf das Peinlichste überrascht. Nach 1962 wurden die Schuldner stets auf dem laufenden gehalten.

5.3.4.2. Hypothekarkredite bei staatlichen Kreditinstituten

Diese Kredite haben eine Laufzeit von 15 bis 30 Jahren und werden zu 3 bis 8 % für besondere Förderungsprojekte vergeben. Zinsen und Kreditrückzahlungen können halbjährlich oder monatlich beglichen werden. Eine Aufwertung dieser Zahlungen tritt nur dann ein, wenn der Lebenshaltungskostenindex um mindestens 5 % steigt. Bei den Privatkrediten gibt es eine derartige Schwellenklausel nicht.

Das schon erwähnte Stabilisierungsprogramm der Jahre 1968—1969 zielte auf eine gänzliche Abschaffung der Indexkoppelung bei den Hypothekarkrediten ab.

Dies war dank der niedrigen Inflationsraten in den Jahren 1967—1970 (1,6 % — 2,1 % — 2,5 % — 6,1 %) auch tatsächlich möglich. Angesichts der schlagartigen Zunahme der Inflation, woran natürlich auch der 6-Tage-Krieg einen bedeutenden Anteil hatte (12,0 % — 12,9 % — 20,0 % — 56 % — 40 % für die Jahre 1971—1975), mußte die Regierung aber wieder auf das alte Verfahren der Indexierung zurückgreifen[56].

[56] N.N.: Israels Etat stöhnt unter dem Index-Druck, in: Handelsblatt Frankfurt, 1975—04—02.

Tabelle 34

Hypothekarkredite in Israel in Mio. I£

	Summe	Staatliche Hypothekarbanken	Private Kreditinstitute
1967	110,0	?	?
1968	153,9	117,9	36,0
1969	218,6	148,0	70,6
1970	298,3	242,8	55,5
1971	424,2	314,5	109,7
1972	584,4	479,6	104,8

Die folgende Aufstellung gibt einen Überblick über den Umfang der Hypothekarkredite für 1967—1972[57].

5.3.5. Steuerwesen

Obwohl die israelische Regierung einer Indexierung am Arbeits- und Kapitalmarkt zustimmte, hat sie von einer Steuerindexierung bis 1975 Abstand genommen.

Wohl konnte das Lohnminimum (Sockeleinkommen), das jährlich erhöht wurde, steuerfrei bezogen werden, die Einkommenssteuersätze blieben aber jahrelang unverändert. Diese Tatsache führte zu zwei Entwicklungen:

Einerseits wurde eine ganze Reihe von steuerfreien Freibeträgen geschaffen (Überstunden, Gewinne aus staatlich geförderten Vorhaben, Zinsen und Staatsobligationen u. a. m.), wodurch die Steuerbasis verringert wurde.

Andererseits blähten sich trotz der Schaffung dieser Freibeträge die versteuerbaren Einkommen wegen der Inflation so stark auf, daß sich 1974 schließlich 87 % der Einkommenssteuerpflichtigen in der höchsten Steuerklasse befanden[58].

Seit der Steuerreform von 1975 werden die wichtigsten Steuertarife (allen voran die Einkommenssteuer) mit dem Satz gekoppelt, der der steuerfreien Anhebung des Mindestlohnes entspricht. Die Angleichung geschieht alle 3 Monate.

Steuerschulden werden seither an den Lebenshaltungskostenindex gekoppelt.

[57] *Cukierman,* Alex: S. 35.
[58] *Kleiman,* Ephraim: Monetary Correction, S. 23.

5.3.6. Zusammenfassung

Zum Zeitpunkt der Gründung Israels gab es noch keinen heimischen Kapitalmarkt. Aus diesem Grund war der junge Staat gezwungen, seinen dringendsten Bedarf auf dem internationalen Kapitalmarkt zu decken.

Dort aber hätte niemand Anleihen in einer Währung eines Staates gezeichnet, der am Tag seiner Gründung in einen aussichtslos scheinenden Kampf mit seinen arabischen Nachbarn verwickelt war. Darum mußte Israel zumindest eine Bindung an den US-Dollar anbieten. Was zunächst nur eine Notlösung war, fand wegen der schwierigen Verhältnisse immer weitere Verbreitung und umfaßte schließlich wie in Finnland alle Wirtschaftsbereiche.

Einflußreiche Kreise, die versuchten, der allgemeinen Indexierung Einhalt zu gebieten — allen voran der Fiskus, der Mitte 1975 18,1 % des Budgets zur laufenden Abtragung des Schuldenberges aufbringt —, mußten spätestens 1970 die Hoffnungslosigkeit ihrer Bemühungen einsehen, als das alte ottomanische Wuchergesetz mit seinen Höchstzinssätzen aufgehoben wurde.

Die Regierung ihrerseits konnte nichts gegen dieses System unternehmen, ohne den sozialen Frieden mit Sicherheit zu zerstören.

Finnlands Ausstieg aus seinem Indexsystem war letzten Endes auf Grund der halbwegs ausgeglichenen wirtschaftlichen Lage und der vollkommenen Überwindung der Kriegsfolgen möglich.

Israel muß aber außer Phosphat alle Grundstoffe einführen und ist wegen seiner Rohstoffabhängigkeit gegenüber Preiserhöhungen am Weltmarkt doppelt empfindlich. Außerdem befindet sich dieses Land seit seiner Gründung im Kriegszustand.

1974 machten die Heeresausgaben 41 % des Staatshaushaltes aus. Dazu kommt noch, daß der Staat zur Ausgabe von Indexanleihen greifen muß — andere könnten wegen der hohen Inflationsraten gar nicht plaziert werden —, um seine wachsende Verschuldung abzudecken, womit der Teufelskreis geschlossen ist.

Da die wirtschaftlichen Gegebenheiten Israels so grundverschieden von denen europäischer Länder sind, kann man nur feststellen, daß die Indexkoppelung in diesem Land wohl die einzige Möglichkeit einer Aufrechterhaltung der Wirtschaft ist, wobei aber niemand weiß, wie lange sich dieses System noch halten kann.

Aus diesem Grund haben Israels Indexerfahrungen höchstens für solche Länder Bedeutung, die sich in einer ähnlichen, nahezu aussichtslosen Lage befinden.

6. Gegenüberstellung von Theorie und praktischer Erfahrung auf dem Gebiet der Indexkoppelung

Anhand der eben beschriebenen Erfahrungen der Indexländer können jetzt die wichtigsten Meinungen zur Indexfrage genauer überprüft werden.

Die preisstabilisierende Wirkung eines geschlossenen Indexsystems war in keinem der Indexländer zu erkennen. Im Gegenteil, im Gefolge der ständigen Preiserhöhungen steigt die Bereitschaft, die jeweils geltenden Indexerhöhungen zu übertreten. Die stabilitätspolitischen Bemühungen der Regierungen verlieren dabei insofern an Bedeutung, als sie oft nur mehr auf die gezielte Beeinflussung der maßgeblichen Indizes abgerichtet sind, da die Abschaffung eines einmal eingeführten Indexsystems praktisch unmöglich ist. Diese Beeinflussung kann dabei durch Maßnahmen zur Stützung der den Indizes zugrunde liegenden Preise oder durch die bewußte Verfälschung des Index selbst geschehen. Die natürliche Folge jeder Manipulation sind jedoch zwangsläufig Verzerrungen des gesamtwirtschaftlichen Preis- und Lohngefüges.

Indexbefürworter glauben aber vor allem deshalb, ein wirkungsvolles Mittel gegen die Inflation gefunden zu haben, weil es ihrer Meinung nach bei einer vollkommenen Indexierung keine Inflationsverlierer und -gewinner mehr gibt, womit allen inflationären Prozessen angeblich der Wind aus den Segeln genommen ist. Was immerhin denkmöglich ist, erweist sich aber im Wirtschaftsalltag als undurchführbar. Die Einführung eines für alle Wirtschaftsbereiche gültigen Index muß daran scheitern, daß

— in einer Volkswirtschaft jede Gruppe versucht, ihren ihr selbst am günstigsten erscheinenden Index als den allgemein verbindlichen hinzustellen. Wenn sich dabei einzelne stärkere Gruppen durchsetzen, entsteht eine Mehrzahl von Indizes, womit sich der Verteilungskampf bloß auf die Indexebene verlagert hat. Finnland ist hierzu ein beredtes Beispiel.

— die unterschiedlichen Bedarfsstrukturen innerhalb einer Volkswirtschaft eine derartige Vereinheitlichung nicht zulassen. So können sich beispielsweise die Preise der Stahlindustrie eines erzabhängigen Landes nicht nach der Entwicklung des Lebenshaltungskostenindex eines 4-Personen-Beamtenhaushaltes richten.

Der behauptete mäßigende Einfluß der Indexautomatik auf Schwere und Häufigkeit von Sozialkonflikten läßt sich empirisch nicht nachweisen. Zu beobachten ist jedoch die Tedenz, Lohnindexierungen seitens der Arbeitnehmerschaft nach einer gewissen Zeit als erworbenen, selbstverständlich sozialen Besitzstand zu betrachten.

Zur Frage der Teilindexierung ist zu sagen, daß sich eine in einem ursprünglich fest abgegrenzten Wirtschaftsbereich zugelassene automatische Indexbindung unaufhaltsam ausweitet und schließlich die gesamte Volkswirtschaft umfaßt. Die Aufhebung der Indexkoppelung ist um so schwieriger, als ein Staat gezwungen ist, seine durch Indexklauseln entstandenen Schulden durch die Ausgabe neuer Indextitel zu begleichen! Für diesen Teufelskreis liefern gerade Finnland und Israel bedrückende Beispiele.

Am schlimmsten wirken sich jene einseitigen Indexklauseln aus, die Veränderungen nur im zunehmenden Sinn zulassen. Deswegen haben auch die Indexklauseln im Bereich des Kreditwesens noch am wenigsten geschadet. Die Betroffenen waren hier stets bereit, auch Indexrückgänge bis zur vorgesehenen Mindestverzinsung in Kauf zu nehmen.

Stark einfuhrabhängige Länder tun sich mit ihren stabilitätspolitischen Bemühungen begreiflicherweise schwerer als solche, die autark sind.

Aus alle dem Dargestellten wird klar, daß eine umfassende Indexkoppelung höchstens Inflationsschäden behelfsmäßig einzudämmen vermag, niemals aber auf die tatsächlichen Inflationsursachen einwirken kann. Abschließend muß man feststellen, daß sich noch kein Land freiwillig zu einer Indexkoppelung entschlossen hat. Selbst wenn dies zunächst nur auf dem Gebiet des Kreditwesens geschah, war die Lage stets ernst und gespannt. Erstrebenswert ist daher die Verwirklichung einer klaren Stabilitätspolitik von Regierung, Sozialpartnern und Kreditapparaten in Verbindung mit einem Festhalten am Nominalwertprinzip, da sich die Einführung einer allgemeinen Indexkoppelung in Bezug auf die Wurzeln der Geldentwertung als wirkungsneutral erweist, die Summe ihrer übrigen Auswirkungen der betroffenen Volkswirtschaft jedoch mehr zum Schaden als zum Nutzen gereichen.

Aus diesem Grund muß die Indexierung als Ausweg aus der Inflation abgelehnt werden.

Literaturverzeichnis

Bücher, Berichte, selbständige Schriften

L'Année Boursière: Jährliche Veröffentlichung der Compagnie des Agents de Change, Paris.

Auberger, Philippe: Le modèle brésilien de lutte contre l'inflation, in: Notes et Etudes Documentaires, Paris, Dezember 1973.

Le Banques sont-elles des fauteurs d'inflation?, Press-Book der *ESLSCA*, Paris 1974

Brenner, Reuven/ *Patinkin*, Don: Inflation Theory and Anti-Inflation Policy, The Hebrew University of Jerusalem, Jerusalem November 1975.

Cukierman, Alex: Index-Linked Mortages in Israel, Jerusalem 1975.

de Maignas, J.-P.: Formes nouvelles d'emprunt obligataire, Bordeaux 1974.

Doron, Shalom: The Stock Market in Israel, in: The Principal Stock Exchanges of the World, Washington 1964.

Eck, Jean-Pierre: Les euro-obligations à faux d'intérêt flottant, in: Les euro-obligations, eurobonds. I. Band einer Veröffentlichung des Institut des Relations Internationales an der Universität Dijon, Paris 1972.

Ehrlicher, Werner: Probleme der Indexbindung, Berlin 1974.

Einzig, Paul: Roll-Over Credits, London 1973.

Euro-Émissions obligataires, unveröffentlichte Studie, Paris Juni 1974.

La Flexibilité dans le financement du logement, OECD, Paris 1975.

Follow-up on Indexation of Financial Assets — Denmark, unveröffentlichte OECD-Studie, Paris 1975-02-10.

Fratani, Maurice: L'inflation et le droit, in: Développement, Paris Jänner 1974.

Indexation des valeurs à revenu fixe: Rapport du Comité des Marchés Financiers der OECD, Paris 1973.

L'indexation est-elle une arme anti-inflationiste? Bericht der ESLSCA (Ecole Superieure Libre des Sciences Commerciales Appliqueés), Paris 1974-12-13.

Indexation of Financial Assets, unveröffentlichte OECD-Studie, Paris 1974-10-22.

Indexation of Financial Assets — Addendum, unveröffentlichte OECD-Studie, 1974-11-14.

Indexation of Financial Assets, OECD, Paris 1975.

Indexation of monetary assets and obligations, International Savings Bank Institute, Genf 1976.

Indexbindung in Österreich, Wirtschaftspolitische Blätter, 22. Jahrg., Wien 1975/2.

Inflation Accounting: Report of the Inflation Accounting Committee (Sandilands-Bericht), London 1975.

Israelson, M.: Les crédits roll-over en période d'incertude de change, Brüssel 1976.

Issing, Othmar: Indexklauseln und Inflation, Walter Eucken Institut, Beiträge und Aufsätze Nr. 40, Tübingen 1973.

Junnila, A.: The measures taken by Finnish Life Insurance Companies to protect Life Assurance against Inflation, Veröffentlichung des Finnish Insurance Center, Helsinki 1965.

Kleimann, Ephraim: Linkage and Indexation: Israel's Twenty Years' Experience, Jerusalem 1974-06-18.

— Monetary Correction and Indexation: the Brazilian and Israeli Experience, unveröffentlichte, Jerusalem Oktober 1975.

Kouri, Pentti: The Financing of Housing in Finland with Special Reference to the Application of the Index Clause, Helsinki 1975.

Krieg, Emile: Sortir de l'inflation, Paris 1976.

Kuntze, Oscar-Erich: Preiskontrollen, Lohnkontrollen und Lohn-Preis-Indexbindung in den europäischen Ländern, Berlin—München 1973.

Lagnace, Louis: Pour ou contre l'indexation des emprunts obligataires, Paris Juli 1971.

Le maintien du revenu des travailleurs, OECD Paris 1975-04-01.

Marchés internationaux de capitaux à court, moyen et long terme, unveröffentlicht, Paris 1974.

Le Moël, Philippe: Le marché des euroobligations, unveröffentlichte Studie, Paris Mai 1973.

Lessard, Donald: Roll-Over Mortgages in Canada, o. O., Dezember 1974.

Levinson, Harold: Some Problems of Price Indixes and the Gains and Losses from Inflation, Michigan 1959.

Low, William: Eurostudy, the annual review of the international money and capital markets 1974/75, London 1975.

Lutz, R.: Die Banken auf den internationalen Geld- und Kapitalmärkten, Heft 14 der Schriftenreihe der Schweizerischen Kreditanstalt, Zürich 1975.

Mast, Hans: Die Euromärkte unter neuen Umweltverhältnissen, Heft 32 der Schriftenreihe der Schweizerischen Kreditanstalt, Zürich 1975.

Modigliani, Franco: Some Economic Implications of the Indexing of Financial Assets with Special Reference to Mortgages, Cambridge September 1974.

Moreau-Néret, Olivier: L'effondrement du patrimoine mobilier, Paris o. J.

N. N.: Call to Action: Independent Arbitrage International, Exeter, N. H., U.S.A. 1973.

— Credits en Eurodevises, Crédit Lyonnais, unveröffentlicht, Paris 1975.

Omeyer, Jacques: Les obligations à taux d'intérêt variable, unveröffentlicht, Paris 1974-09-13.

Patinkin, Don: Monetary Developments in Israel, in: Scripta Hyerosolymitana, Jerusalem 1956.

— What advanced countries can learn from the experience with indexation, The Hebrew University of Jerusalem, Jerusalem November 1975.

Sarnat, Marshall: The Development of the Securities Market in Israel, Veröffentlichungen der List Gesellschaft Nr. 49, Basel—Tübingen 1966.

Steinherr, A. / *Vila,* G.: Indexation of Monetary Assets: An Instrument against the present Inflation, Bulletin de l'IRES (Institut de Recherches Economiques) Nr. 18, Louvain Oktober 1974.

Stopper, Edwin: Staat und Währungspolitik, in: Festschrift zum 70. Geburtstag von Alfred Schäfer, Zürich 1975-01-30.

Vaubel, Roland / *Ahnefeld* Adolf: Indexklauseln auf dem Index?, Kieler Diskussionsbeiträge Nr. 34, Institut für Weltwirtschaft, Kiel, Oktober 1974.

Veit, Otto: Grundriß der Währungspolitik, Frankfurt 1969.

Aufsätze, Vorträge, Sonstiges

Althaus, Nigel: The case for the UK indexed gilts, in: Economy, London, Juni 1974.

Les assurances en question: Sonderbeilage in: Le Monde, Paris 1975-11-21.

Attali, Jacques: Les princes irrésolus, in: L'Expansion, Paris, März 1975.

Atteslander, Peter: Gesellschaftspolitische Folgen der Inflation, in Neue Zürcher Zeitung, Zürich 1974-07-14.

Babeau, André: Tous les patrimoines ne sont pas également protégés, in: Le Figaro, Paris 1974-06-23.

Bach, Jaacov: Wertbeständigkeitsklauseln in Israel, in Zeitschrift für das gesamte Kreditwesen, Frankfurt 1974-06-01.

Barre, Raymond: L'inflation, l'épargne, l'indexation, in: Le Figaro, Paris 1974-06-22/23.

Beaudeux, Pierre: Faut-il indexer l'épargne?, in: L'Expansion, Paris, November 1974.

Blondeel, Jean: Revolving Credits in Eurocurrencies, in: The Banker, London, September 1972.

Bourgine, Raymond: L'indexation de M. Mitterand, in Valeurs actuelles, Paris 1974-09-09.

Camblain, Michel: Perfectionner les obligations indexées, in: Investir, Paris 1974-04-11.

Carson, Jain: Wie Buchhalter die Inflation bekämpfen, in: Vision Nr. 63, Paris, Feber 1976.

Charles, Geneviève: Faut-il indexer l'épargne?, in: Perspectives, Paris 1974-06-13.

— Indexation de l'épargne: nouvelle offensive, in: Perspectives, Paris 1975-09-26.

Chartier, Yves: Une nouveauté sur le marché francais: Les obligations à taux flottant, in: La semaine juridique, Paris 1975-04-03.

Claassen, Emil-Maria / *Pilisi,* Daniel: L'indexation et la politique anti-inflationniste, in: Banque Nr. 342, Paris, Juli—August 1975.

Claude, Patrice: L'emprunt Giscard 7 %, in: La Vie Francaise / Opinion, Paris 1975-08-01.

Colo, G: Les "mini-dévaluations" du Cruzeiro, in: Moniteur du Commerce International Nr. 1061, Paris, Juni 1971.

Le Conseil National du Crédit, hostile à l'indexation, in: Le Nouveau Journal, Paris 1974-05-29.

Cotta, Alain: La dernière mesure à prendre, in: Le Figaro Paris 1974-10-05/06.

Coussement, André: 1974: The year the Eurobond market nearly died: in: Euromoney, London, Feber 1975.

Daloz, J. P.: Plutôt l'indexation que des taux éleves, in: La Vie Francaise/ Opinion, Paris 1974-05-16.

Daniel, L.: The Israeli System, in: Financial Times, London 1975-07-09.

de *Croüy-Chanel,* Imre: Les emprunts à sorties optionelles et à taux d'intérêt révisable, in: Banque Nr. 332, Paris, September 1974.

Delmas, Claude: La Finland en liberté surveillée, in: Spectacle du Monde, Paris, Mai 1974.

Dullforce, William: Iceland's Runaway Inflation, in: Financial Times, London 1975-06-19.

du Pré de Saint-Maur, Jean: Les Euro-Crédits Financiers, in: Banque Nr. 328, Paris, April 1974.

— Les Euro-Crédits Financiers, in: Banque Nr. 331, Paris, Juli/August 1974.

Eck, Francois / *Bruneau,* Philippe: L'actualité des théories monétaires de Milton Friedman, in: Banque Nr. 326, Paris, Feber 1974.

Engel, Gérard: Le marché international obligataire, in: Hommes et Commerce Nr. 137, Paris, Mai/Juni 1974.

Evrard, Didier: Indexation en Trompe — l'Oeil, in: Valeurs actuelles, Paris 1975-01-20.

— La pratique de l'indexation, in: Valeurs actuelles, Paris 1975-02-02

Ewalenko, René: La politique salariale et l'echelle mobile: enseignements de L'expérience belge, in Chroniques d'actualité, Veröffentlichung der S.E.D.E.I.S., Brüssel, März 1972.

La formule des emissions obligataires à taux flottant deborde du secteur bancaire, in: AGEFI, Paris 1974-08-01.

Friedmann, Milton: Ending inflation — a matter of will, in: The Guardian, London 1974-09-16.

— L'indexation, seul remède contre l'inflation, in: La Vie Francaise/Opinion, Paris 1974-04-11.

— Un moyen de dégonfler les depénses gouvernementales, in: Le Figaro, Paris 1974-10-05/06.

G. N.: Quelques données sur les finances éxterieurs du Brézil, in: Perspectives Nr. 1439, Paris 1976-07-08.

Genillard, Robert: Currency indexation arrives in the Capital markets, in: Euromoney, London, September 1975.

Gewirz, Carl: OECD Issues Study on Indexing Fixed-Interest Bonds to Living Cost, in: International Herald Tribune, Paris 1974-03-11.

Giersch, Herbert: Indexklauseln und Inflationsbekämpfung, in: Probleme der Indexbindung, Hrsg. Ehrlicher, Berlin 1974.

Giersch, Herbert: Kein Kurieren am Symptom, in: Wirtschaftswoche Nr. 3, Frankfurt 1974-01-11.

Goltz, Albert / *Lachmann,* Desmond: Le système d'ajustement monétaire et les sociétés d'épargne et de prêts en Colombie, Fonds Monétaire International, Vol. 11, Nr. 3, Washington, September 1974.

Guillaumont-Jeanneney, Sylviane: L'indexation d'une categorie particulière de placements est-elle souhaitable?, in: Banque Nr. 347, Paris, Jänner 1976.

Gut, R. E.: Die Zukunftsaussichten der internationalen Finanzmärkte, in: Bulletin der Schweizerischen Kreditanstalt, 81. Jahrg., Zürich, April/Mai 1975.

Hakanson, Winston: An index-linked savingsplan, in: Euromoney, London, Juli 1974.

Hämälainen, Sirkka: Inflatoinproof Savings Accounts in Finland, in: The Bankers Magazine, Boston 1965.

Hill, Christopher: Other points about index-linking, in: Financial Times, London 1975-06-07.

— The possible impact of index-linking, in: Financial Times, London 1975-05-24.

Hutter, Hans-Kurt: Europa-Anleihen in Milliardenhöhe für Italien und Irland, in: Die Presse, Wien 1976.

Igerz, E.: Wertsicherungsklauseln und Rechenstift, in: Österreichische Steuer- und Wirtschaftskartei, Wien 1971-10-05.

The Index Clause System in the Finnish Money and Capital Market, Bank of Finland, Helsinki, Jänner 1969.

Indexierung von Unterhaltsbeiträgen, in: Neue Zürcher Zeitung, Zürich 1973-06-14.

Indexklauseln als Inflationsschutz, Gutachten des Wissenschaftlichen Beirates beim Bundesministerium für Wirtschaft, in: FAZ, Frankfurt 1975-08-14.

Indexklauseln — eine Scheinlösung, Wirtschaftsdienst Nr. 995 der BHF-Bank Frankfurt 1975-09-06.

Indexsparen in England, in: Handelsblatt, 1975-09-24.

Jaffré, Philippe: Pourquoi et comment indexer l'épargne, in: Le Monde, Paris 1974-09-24.

Jeanneney, Jean-Marcel: L'indexation de l'épargne — serait-ce casser l'expansion?, in Le Monde, Paris 1974-09-22/23.

Jeune, A.-L.: L'indexation, remède ou poison, in: Les Informations Nr. 1522, Paris 1974-07-15.

Jobert, Michel: L'indexation, c'est la voie de la sagesse, in: La vie francaise/ Opinion, Paris 1974-10-03.

Junnila, Tuuri: End of the Index Clause in the Money Market, in: Economic Review Nr. 2 der Konsallis-Osake-Pankki, Helsinki 1968.

— Finland Introduced the Index Clause in Deposit and Credit Business, in: Economic Review Nr. 4 der Konsallis-Osake-Pankki, Helsinki 1955.

— The Growing Application of the Index Clause in Deposit and Credit Business in Finland, in: Economic Review Nr. 1 der Konsallis-Osake-Pankki, Helsinki 1957.

Junnila, Tuuri: In the Maze of Linkages, in: Economic Review Nr. 1 der Konsallis-Osake-Pankki, Helsinki 1958.

Kippenberger, Hanns: L'évolution récente des crédits internationaux, in: L'Echo de la Bourse, Paris 1975.

Klopstock, Fred: Les tendences qui se font jour dans les opérations bancaires à l'echelle internationale, in: Revue de la Société d'Etudes et d'Expansion Nr. 242, Lüttich, September / Oktober 1970.

Kolm, Serge-Christophe: L'indexation est-elle une arme anti-inflationniste?, in: Le Figaro, Paris 1974-10-05/06.

Konzept zur Rückgewinnung der Stabilität: Aufruf eines deutschen Professorenkollegiums, in: Zürcher Zeitung, Zürich 1974-05-15.

Kottulinsky, Kunata / *Nussbaumer*, Adolf / *Kienzl*, Heinz / *Gasperschitz*, Alfred: Die Problematik von Indexlohn-Vereinbarungen, Schriftenreihe des Dr. Karl Kummer Institutes, Heft Nr. 4, Jahrgang 3, Wien 1967.

Kriz, Miroslav: Inflation: The case for indexation, in: Euromoney, London, Juni 1974.

Kyrer, Alfred: Indexbindung — eine rationale wirtschaftspolitische Strategie?, in Wirtschaftspolitische Blätter 1975/2, Wien 1975.

Lenk, R. / *Parsche*, R. / *Spanaka*, G.: Auch der Staat kein Inflationsgewinner, in: ifo-Schnelldienst Nr. 29, München 1973-07-18.

Levämäki, Lauri: The Index Clause in Finnish Banking, in: Monthly Bulletin der Bank of Finland, Helsinki März/April 1956.

Linnamo, Jussi: The Index-Clause Systems of the Money and Capital Market, in: Economic Review Nr. 2 der Konsallis-Osake-Pankki, Helsinki 1958.

Loitlsberger, Erich: Indexierung aus betrieblicher Sicht, in: Wirtschaftspolitische Blätter 1975/2, Wien 1975.

Luc, Jean: L'épargne spoliée, in: Journal des Finances, Paris 1974-01-31.

— L'indexation, sujet électoral, in: Journal des Finances, Paris 1974-04-18.

Klose, Alfred: Indexierung und Sozialpartnerschaft, in: Wirtschaftspolitische Blätter 1975/2, Wien 1975.

Kostolany, Françoise: Sauver l'assurance sur la vie de l'érosion monétaire, in: Investir Nr. 14, Paris 1974-04-29.

Kuntze, Oscar-Erich: Preiskontrollen, Lohnkontrollen und Lohn-Preisindexbindung in den europäischen Ländern, in: Schriftenreihe des IFO-Institutes für Wirtschaftsforschung Nr. 81, Berlin—München 1973.

McDaniels, John: The return of the floating rate note, in: Euromoney, London, September 1974.

Mader, Franz: Die Sicherung gegenüber Kaufkraftschwankungen durch Geldwertsicherungsklauseln, in: Österreichisches Bank-Archiv, 21. Jahrg., Wien. Jänner 1973.

Marchés internationaux de capitaux à court, moyen et long terme, unveröffentlichte Studie, Paris 1974.

Margaron, Alain: Le trompe — l'oeil de M. Fourcade, in: Valeurs actuelles, Paris 1974-09-16.

Marout, Robert: L'indexation de l'épargne populaire est économiquement irréaliste, in: les échos, Paris 1974-11-08.

Meeschaert, Emile: Choisir l'indexation ou le revenu, in: La vie francaise/ Opinion, Paris 1974-04-25.

Merk, Gerhard: Ursachen und Bedingungen einer Inflation, in: Österreichisches Bank-Archiv, 23. Jahrg., Wien, Juli 1975.

Le modèle brésilien, va-t-il changer?, Kundenbrief der Bank of Boston, Paris, September 1974.

Moreau-Néret, Olivier: L'indexation de l'épargne, in: Le Monde, Paris 1974-11-06.

M. V.: Indexierung — pro und contra, in: Zeitschrift für das gesamte Kreditwesen, 27. Jahrg., Heft 12, Frankfurt 1974-06-15.

Neubauer, Werner: Probleme der Indexbindung, in: Finanz-Archiv, Neue Folge, Band 34, Tübingen 1976.

Nieuwenburg, C.: Milton Friedman and Monetary Policy, in: Economic Quarterly Review Nr. 21 der AMRO-Bank N. V., Amsterdam, Juni 1970.

N. N.: Abolition of the Index Linkages in the Financial Market, in: Monthly Bulletin der Bank of Finland, Helsinki, Mai 1968.

— Some aspects of index-linking, in: Economic Review des National Institute of Economique and Social Research Nr. 70, London, November 1974.

— Les crédits rotatifs, in: Bulletin Nr. 38 der Kredietbank, Brüssel 1975-10-10. Le front commun éxige l'application de l'index réel, in: La libre Belgique, Brüssel 1976-09-08.

— L'indexation des salaires, in: Bulletin der Kredietbank, Brüssel 1972-04-14.

— Index Tied Deposits, in: Monthly Bulletin der Bank of Finland, Helsinki, April 1969.

— Israels Etat stöhnt unter dem Index-Druck, in: Handelsblatt, Frankfurt 1975-04-02.

— Israels System der Indexierung, in: Neue Zürcher Zeitung, Zürich 1974-10-09.

— Kommt das private Geld, in: Wirtschaftswoche Nr. 21, 1974-05-17.

— La réévaluation permanente et annuelle du bilan des sociétés, in: Le nouveau journal, Paris 1976-09-23.

— La réévaluation des bilans devra stimuler l'investissement, in: Le Monde, Paris 1976-07-26.

— Proteste gegen Manipulationen des Preisindexes in: FAZ, Frankfurt 1976-09-08.

— Quelques données sur les finances exterièures du Brésil, in: Perspectives, Paris 1976-07-08.

— Should the Paris Club reschedule rollover Eurocredits, in: Economy, London, März 1974.

— Verbraucherpreisindex als Inflationsbarometer, in: Investment Report Nr. 60, Wien, Juni 1975.

Paranque, Régis: L'indexation de l'épargne fait des progrès, in: Les informations Nr. 1516, Paris 1974-06-03.

Park, Goon, Structure and function of the Eurocredit Market, in: Euromoney, London, April 1974.

Picard, Hugo: Élaboration et calcul de l'indice des prix à la consommation, in: Economie et Statistique Nr. 65, Paris, März 1975.

Protection de l'épargne populaire, Parlamentsdebatte, Paris 1974-11-06.

Puumanen, Kari: Some aspects of the Finnish experience in indextied deposits, in: Monthly Bulletin der Bank of Finland, Helsinki, Jänner 1967.

— The Index Clause in Financial Markets: the Finnish System in Retrospect, in: Economic Review Nr. 3 der Konsallis-Osake-Pankki, Helsinki 1973.

Raffay, Harald: Anleihen mit veränderlichem Zinsfuß, in: Österreichisches Bank-Archiv, 23. Jahrg., Wien, Dezember 1975.

— Indexgekoppelte Anleihen in Frankreich, in: Österreichisches Bank-Archiv, 23. Jahrg., Wien, Mai 1975.

Rey, Jean: La Gauche et l'inflation, in Revue Politique et Parlamentaire Nr. 854, Paris, Jänner/Feber 1974.

Reyhl, Erich: Indexierung von Sparguthaben, in: National Zeitung, Basel 1974-04-27.

Rivoire, Jean: La logique de l'indexation, in: Banque Nr. 333, Paris, Oktober 1974.

Robinson, Anthony: Italy plans to introduce index-linked bonds, in: Financial Times, London 1974-05-07

The role of indexation: Konferenz in Saltsjöbaden, Stockholm 1974-07-04/06.

Rueff, Jacques / *Faure*, Edgar / *Fourcade*, Jean-Pierre / *Serisé*, Jean: Indexer l'épargne?, in: La vie francaise/Opinion Paris 1974-09-26.

Saye it softly, in: The Economist, London 1975-07-05.

Seicht, Gerhard: Inflation und Scheingewinnbesteuerung, in: Die Presse, Wien 1975-02-13, 1975-02-20, 1975-03-05.

Smolarski, Georges: Les euro-crédits à taux variable, Vortrag an der Universität von Zürich, 1975-10-15.

Socher, Karl: Indexierung und Stabilisierungspolitik, in: Wirtschaftspolitische Blätter 1975/2, Wien 1975,

Soulas, Pierre: L'indexation — seul remède pour les rentiers viagers, in: La vie francaise/Opinion, Paris 1974-07-18.

Ståhl, Ingemar: The Rise and Fall of Index Loans in Sweden, in: Quarterly Review der Skandinavska Enskilda Banken, Stockholm 1975.

Stoleru, Lionel: Le modèle brésilien, in: Investir Nr. 11, Paris 1974-04-08.

Sturc, Ernest: Stabilization Policies: Experiences of Some European Countries in the 1950's, in: Staff Papers Vol. XV, Nr. 2 des International Monetary Fund, Washington, Juli 1968.

Sukselainen, V. J.: The 1950 Battle of the Index, in: Economic Review Nr. 4 der Konsallis-Osake-Pankki, Helsinki 1950.

Thomas, Jean-Gabriel: Pour une monnaie de compte dissociée de la monnaie de règlement, in: Le Figaro, Paris 1974-10-05/06.

Törnqvist, Erik: The Linking of Wages to the Index, in: Economic Review Nr. 2 der Konsallis-Osake-Pankki, Helsinki 1952.

Tresvig, Archie: Das Indexklauselsystem in Finnland, in: Österreichisches Bank-Archiv, 7. Jahrg., Wien, Feber 1959.

Virkkunen, Matti: Deposit Accounts with an Index Clause, in: Economic Review Nr. 2 der Konsallis-Osake-Pankki, Helsinki 1955.

von Fieandt, R.: The Index Clause in Bank Deposits and Long-Term Loans, in: Monthly Bulletin der Bank of Finland, Helsinki, September 1957.

von Fürstenberg, Georg: The Economics of Mortgages with variable Interest Rates, in: Federal Home Loan Mortgage Corporation, London, Feber 1973.

von Gadolin, Axel: Finnlands Währungs-Stabilisierung — ein Fehlschlag, in: Zeitschrift für das gesamte Kreditwesen, Heft 10, Frankfurt 1958.

— Die Kapitalmärkte der nordischen Inflationsländer, in: Zeitschrift für das gesamte Kreditwesen, Heft 20, Frankfurt 1958.

— Der Zins als „Schallmauer" der Inflation in: Zeitschrift für das gesamte Kreditwesen, Heft 22, Frankfurt 1962.

von Schelling, Friedrich: Indexierung — warum nicht?, in: Zeitschrift für das gesamte Kreditwesen, Frankfurt 1974-08-15.

von Zwiedeneck-Südenhorst, Otto: „Gleitende Lohnskalen", in: Handwörterbuch für Staatswissenschaften, Jena 1925.

Wolff, K.-H.: Die neue Methode der Richtzahlberechnung, Wien 1971.

— Systemanalyse der Renten- und Pensionsanpassung, in: Das Recht der Arbeit, Wien 1974.

FSC
www.fsc.org
MIX
Papier | Fördert gute Waldnutzung
FSC® C083411

Kolibri 360 GmbH
Ferdinand-Jühlke-Straße 7
99095 Erfurt, Deutschland
produktsicherheit@kolibri360.de

Druck:
CPI Druckdienstleistungen GmbH
im Auftrag der
Kolibri 360 GmbH
Ferdinand-Jühlke-Str. 7
99095 Erfurt